KB083045

제3판 저작권의 이해

정연덕 저

세창출판사

제3판 머리말

저작권법상 아이디어는 공유의 대상이다. 공유 저작물은 허락 없이 자유로운 이용을 할 수 있다. 최근 일상생활에서 일반 개인도 단순히 저작물을 소비하는 것이 아닌 콘텐츠를 창작하고 있다.

기술의 발전으로 사진, 영상, 소프트웨어의 중요성이 높아지고 있다. SNS와 유튜브의 이용으로 남녀노소 누구나 창작자가 될 수 있다. AI와 같은 인공지능을 이용한 창작 활동도 증가하고 있다. 이러한 과정에서 저작권 침해도 많이 발생하고 있다. 이번 제3판에서는 개정판 발행 이후의 법 개정 내용과 최근 판례를 반영하였다.

저작권에 대한 지식을 넓히고 이해도를 향상하여 새롭게 문화예술을 창작하는 모두에게 도움이 되었으면 한다.

끝으로 책의 편집과 출판에서 도움을 주시는 이방원 사장님과 임길남 상무님께 감사의 말씀을 드린다.

2023년 9월

일감호가 보이는 연구실에서

정연덕

머리말

최근 유튜브와 SNS의 발전으로 단순히 문자의 시대가 아닌 미디어의 발전으로 저작권 분야가 중요해지고 있다. 사진, 영상, 음악 등 스마트폰의 발전과 인터넷을 통한 소통으로 저작권은 점점 중요한 무형자산이 될 것이다. 이 책을 이용하여 디지털 미디어의 저작권 보호와 활용에 대비하기를 바란다.

이 책은 「저작권과 스마트폰의 이해」 수업을 위한 교재의 목적으로 작성되었다. 2015년부터 서울권역 e-learning 수업으로 진행되고 있다. 현재 이러닝 수업으로 진행되어 정규 학기와 계절학기에서 수백 명의 학생이 수강하고 있다. 학생들은 전문적으로 법을 배우지 않은 학생이 대부분이다. 전공은 이공계를 포함하여 인문사회부터 예체능 전공을 하는 학생들이 수강하고 있다. 학생들이 저작권을 궁금해 하면서도 일반적인 저작권법 교재들이 너무 어렵고 법적인 내용이 많다고 하여 될 수 있는 대로 법 해설의 내용은 적게 하였다. 이에 따라 법학을 공부하지 않은 학생들이 최소한으로 알아야 할 내용을 쉽게 이해할 수 있도록 작성하였다. 될 수 있는 대로 법령의 조문은 적게 쓰고 너무 어려운 내용이나 복잡한 내용도 생략하였다. 기본적인 틀을 제공하여 저작권의 이론을 쉽게 접할 수 있도록 하였다. 단순히 저작권법만을 해설하기보다는 스마트폰 애플리케이션, 방송, 영상 등 최근 이슈 위주로 내용을 담고 있다. 이 책이 저작권을 처음 공부하는 학생들에게 도움이 될 수 있기를 기대해 본다.

끝으로 이 책이 출판될 수 있도록 노력해 주신 세창출판사 이방원 사장님을 비롯해 임길남 상무님께 감사의 마음을 전한다. 또한 이 책은 2013년 정부(교육부)의 재원으로 한국연구재단의 지원을 받아 수행된 연구로(NRF-2013S1A5A2A03044362) 한국연구재단에도 감사의 마음을 전한다.

2018년 8월
일감호가 보이는 연구실에서
정연덕

차 례

CHAPTER 1 총 설

Ⅰ. 지식재산권 제도 ··· 17
1. 조리법(Recipe)의 보호 여부 / 17
2. 지식재산권의 기본적인 내용 / 18

Ⅱ. 특허제도 일반 ··· 19
1. 특허제도 기본 이론 / 19
2. 특허요건 / 20
3. 산업상 이용가능성 / 20
4. 신규성 / 20
5. 진보성 / 21
6. 심사와 선원주의 / 23

Ⅲ. 영업비밀과 부정경쟁행위 ··· 24
1. 영업비밀 제도 / 24
2. 영업비밀보호의 3가지 요건 / 25
3. 부정경쟁행위 보호요건 / 26
4. 음식 조리법을 보호하기 위한 특허, 저작권, 영업비밀의 동일점과 차이점 / 27

CHAPTER 2 저작물

Ⅰ. 저작물의 의의 ··· 31
1. 저작물 / 31
2. 저작권 / 35

Ⅱ. 저작물의 성립 요건 ··· 36
1. 저작물의 창작성 / 36
2. 저작물의 표현 / 40

3. 아이디어와 표현의 이분법(Idea/Expression Dichotomy) / 43
4. 저작물의 보호 범위 / 47
Ⅲ. 저작물의 분류 51
1. 서 론 / 51
2. 어문 저작물 / 51
3. 연극 저작물 / 54
4. 무용 저작물 / 56
5. 미술 저작물 / 57
6. 건축 저작물 / 60
7. 사진 저작물 / 61
8. 영상 저작물 / 62
9. 도형 저작물 / 64
10. 컴퓨터프로그램 저작물 / 66

CHAPTER 3 저작자의 권리

‖ 제1절 ‖ 저작자 69
1. 저작자 / 69
2. 공동 저작자 / 71
3. 업무상 저작물 / 73
‖ 제2절 ‖ 저작권 75
1. 저작권의 발생 / 75
2. 저작권과 다른 권리와의 관계 / 76
3. 저작권의 내용 / 76
4. 저작권은 어떤 성질을 가지는가? / 79
5. 저작재산권자 불명인 저작물의 이용 / 79
6. 저작권과 저작물이 수록된 매체의 소유권 / 79
7. 저작재산권의 소멸 / 80
‖ 제3절 ‖ 저작인격권 81
1. 저작인격권의 속성 / 81
2. 공표권 / 82
3. 성명표시권 / 83
4. 동일성 유지권 / 84

‖ 제4절 ‖ 저작재산권 86

1. 저작인격권과 저작재산권 / 87
2. 저작재산권의 종류 / 87
3. 복제권 / 88
4. 공연권 / 89
5. 공중송신권 / 90
6. 전시권 / 91
7. 배포권 / 92
8. 대여권 / 92
9. 2차적 저작물 작성권 / 92

‖ 제5절 ‖ 저작재산권의 변동과 저작물의 이용 94

Ⅰ. 저작재산권의 양도 94

1. 저작재산권의 양도와 이용허락 / 94

Ⅱ. 저작재산권의 기증 96

1. 저작권의 기증 / 96
2. 저작재산권의 소멸 / 97

CHAPTER 4 저작재산권의 제한

‖ 제1절 ‖ 총 설 101

Ⅰ. 저작재산권의 제한 101

1. 저작재산권의 제한 이유 / 101
2. 저작재산권의 자유이용 필요성 / 101

Ⅱ. 저작재산권 제한규정의 개별 규정 102

1. 재판절차 등에서의 복제 / 102
2. 정치적 연설 등의 이용 / 102
3. 공공저작물의 자유 이용 / 103
4. 학교교육목적 이용 / 104
5. 시사보도를 위한 이용 / 105
6. 시사적인 기사 및 논설의 복제 등 / 107
7. 공표된 저작물의 인용 / 108
8. 비영리 목적을 위한 공표된 저작물의 공연 및 방송 / 110

9. 사적 이용을 위한 복제 / 112
10. 도서관 등에서의 복제 / 116
11. 시험문제로서의 복제 / 118
12. 시각장애인 등을 위한 복제 / 119
13. 청각장애인 등을 위한 복제 / 120
14. 미술저작물 등의 전시 또는 복제 / 120
15. 저작물 이용과정에서의 일시적 복제 / 122
16. 프로그램코드 역분석 / 123
17. 정당한 이용자에 의한 보존을 위한 복제 등 / 123
18. 공정한 이용 / 123
19. 출처 명시 / 124
20. 패러디 / 125
21. 저작권의 이용과 CCL / 128

‖ 제2절 ‖ 저작물 이용의 법정허락과 저작재산권 보호기간 ········· 130

Ⅰ. 저작물 이용의 법정허락 ········· 130

1. 의 의 / 130
2. 법정허락 대상 / 130
3. 법정허락 절차 / 131

Ⅱ. 저작재산권 보호기간 ········· 132

1. 저작권의 보호기간 / 132
2. 저작권의 무방식주의 / 133
3. 저작권의 등록 / 133

CHAPTER 5 저작인접권과 기타 권리

‖ 제1절 ‖ 저작인접권 ········· 139

1. 저작인접권 / 139
2. 실연자의 권리 / 140
3. 음반제작자의 권리 / 141
4. 방송사업자의 권리 / 141
5. 저작인접권의 보호 기간 / 141
6. 유튜브에서 음악사용의 경우 / 142

‖ 제2절 ‖ 데이터베이스 제작자 등의 권리 144
Ⅰ. 데이터베이스 제작자 144
1. 데이터베이스 제작자의 보호 / 144
Ⅱ. 콘텐츠제작자의 보호(콘텐츠산업진흥법) 146
1. 콘텐츠제작자 / 146
2. 콘텐츠제작자 영업이익의 보호 / 147
‖ 제3절 ‖ 출판권 148
1. 저작물의 출판 / 148
2. 출판과 저작권 / 150
‖ 제4절 ‖ 영상저작물의 특례 151
1. 영상저작물의 특례 / 151
2. 영상저작물에 대한 권리 / 153
‖ 제5절 ‖ 저작권 집중관리제도 153
1. 저작권 집중관리제도 / 153
2. 저작권 집중관리단체의 장단점 / 154
‖ 제6절 ‖ 퍼블리시티권(The Right of Publicity) 155
1. 초상권 / 155
2. 퍼블리시티권 / 156
3. 퍼블리시티권의 보호 / 158
4. 퍼블리시티권의 인정 사례 / 159
5. 퍼블리시티권의 부정 사례 / 160
6. 드라마 이미지 차용한 경우의 불법행위 인정 / 160
7. 생존 인물의 평전 작성 시 동의 필요 여부 / 160
8. 공적 인물의 소설 이미지를 차용한 경우 / 161
9. 이미테이션 가수(짝퉁 가수)의 불법행위 여부 / 161

CHAPTER 6 인터넷과 저작권

Ⅰ. 인터넷과 저작권의 관계 165

1. 인터넷을 통한 다운로드 / 165
2. 인터넷 쇼핑몰의 사진 및 댓글의 저작권 / 165
3. 인터넷 홈페이지의 제작과 저작권 / 166
4. 인터넷과 링크 / 167
5. 인터넷 사이트와 음악 듣기 / 167
6. 자기 기사의 이용과 인터넷 링크 / 168
II. 온라인서비스제공자의 책임 169
1. 온라인서비스제공자 / 169
2. 온라인서비스제공자의 책임 제한 / 170
3. 정보 제공 요청 가능 / 171
4. 특수한 유형의 온라인서비스제공자 / 171
5. 기술적 보호 조치 / 172
6. 기술적 보호 조치의 무력화 금지 / 174
7. 저작권 보호 조치 / 174

CHAPTER 7 저작권침해의 요건 및 판단 기준

‖ 제1절 ‖ 저작재산권 침해와 요건 179
I. 저작권 침해 179
1. 저작권 침해의 요건 / 179
2. 저작권 침해와 표절의 차이 / 180
II. 저작권 침해의 법적 구제 180
1. 저작권 침해 행위에 대한 법적 구제 / 180
2. 민사상 조치 / 181
3. 형사상 조치 / 182
III. 저작인격권 침해 사례 183

1. 성명표시권 침해 여부 / 183
2. 동일성 유지권 침해 여부 / 184
‖ 제2절 ‖ 저작재산권 침해 사례 ········ 185
Ⅰ. 어문 저작물 ········ 185
1. 소설 저작권 침해 사례 / 185 2. 번역 저작권 침해 사례 / 186
3. 극본 저작권 침해 사례 / 187 4. 기사 저작권 침해 사례 / 188
Ⅱ. 시각적 저작물 ········ 189
1. 사진 저작물과 저작권 침해 / 189 2. 미술 저작물 침해 사례 / 191
Ⅲ. 음악 저작물 ········ 193
1. 음악 저작물과 저작권 침해 / 193
2. 음악 저작물의 저작권 침해 판단 / 194
Ⅳ. 기타 저작물 ········ 198
1. 캐릭터와 저작권 침해 / 198 2. 게임의 저작권 침해 / 199
Ⅴ. 저작권 침해 주장에 대한 항변 사유 ········ 202
1. 사적 이용을 위한 복제 / 202 2. 인 용 / 202
3. 저작재산권 제한 사유 / 203

CHAPTER 8 소프트웨어와 스마트폰 애플리케이션

Ⅰ. 소프트웨어 저작권 ········ 207
1. 불법 복제 프로그램의 단속 / 207
2. 프로그램의 개인적인 이용 / 208
3. 인터넷 게시판에 프로그램 시리얼 번호를 게시하는 것 / 208
4. 폰트 저작권 소송 / 209
5. 소프트웨어 라이선스 사례 / 210

6. 오픈 소스와 프로그램 / 211 7. 오픈 소스와 라이선스 / 212

II. 스마트폰과 저작권 ………………………………………………………… 212

1. 스마트폰 애플리케이션 / 212

2. 애플리케이션의 이름 / 213

3. 애플리케이션의 아이디어 보호 / 213

4. 애플리케이션 저작권 보호 / 214

5. 애플리케이션 UI 보호 / 215

6. 음악파일 애플리케이션의 이용 / 215

7. 이미지의 애플리케이션 이용 / 216

8. 캐릭터의 개발과 애플리케이션 / 217

9. 2차적 저작물의 애플리케이션 이용 / 218

10. 앱스토어에 적용되는 법률 / 218

11. 모바일 애플리케이션의 인터넷 링크 / 219

□ 찾아보기 / 220

CHAPTER 1

총 설

Ⅰ. 지식재산권 제도

1. 조리법(Recipe)의 보호 여부

최근 음식 방송이 유행하고 있다. 방송을 진행하는 사람이 음식을 만들기도 하고 만들어진 음식을 먹으면서 재료가 무엇인지를 소개하기도 한다. 방송을 보는 사람은 음식을 만드는 비법이 무엇인지를 궁금해 하기도 한다. 사람들은 음식 조리법을 블로그에 올리기도 하고, 책을 출판하기도 하고, 방송에서 보여 주고 있다. 영업하는 사람이 벌꿀 아이스크림을 영업장에서 판매한 경우에 다른 경쟁 업체가 유사한 벌꿀 아이스크림을 판매하기도 한다. '슈니발렌'이라는 동그란 모양의 과자를 나무망치로 깨어 먹는 방식이 유행한 적이 있는데, '슈니팡', '슈니베리' 등 다른 유사 업체가 유사한 과자를 판매한 사례도 있다. 그렇다면 일반 사람이 음식의 조리법(Recipe)을 처음 만든 사람의 허락 없이 음식을 만드는 것은 처음 음식을 만든 사람의 권리를 침해하는 것일까? 이에 대한 질문에 답하기 위하여 저작권과 특허, 영업비밀 등에 관한 차이점과 같은 점을 먼저 알아본다.

일반적으로 조리법은 음식을 만드는 재료를 손질하는 방법이나 음식의 분량이나 재료를 넣는 순서 등이다. 그런데 이러한 조리법은 책으로 출판하기도 하고 방송에서 공개하기도 한다. 만약 이러한 조리법을 특허로 출원하였고 이를 등록을 받았다면 이를 그대로 따라 하면 특허 침해의 문제가 될 수 있다. 다만 특허를 받지 않은 조리법의 경우는 따라 해도 특허 침해가 되지 않는다. 또한 특허를 받았더라도 그 조리법과 동일하거나 유사하게 요리하지 않고 참조만 하는 정도는 특허침해가 되지 않는다. 그렇다면 저작권 침해가 되는 것일까? 다음에 살펴보겠지만, 저작권은 인간의 창조적인 표현을 의미한다. 따라서 먼저 조리법이 인간의 창작적인 표현이어서 그 자체로 저작권의 대상이 될 수 있는지를 검토하여야 하고, 만약 창작적인 표현이어서 그 자체로 저작권의 대상이 된다고 하면 그대로 동일 또는 유사하게 그대로 따라 해야 한다. 또한 다른 사람의 조리방법이 영업비밀이나 대대로 내려오는 비법이라 한다면 영업비밀 침해의 가능성이 있다. 다만 이 경우도 영업비밀에 해당하는 엄격한 요건을 갖춘 경우에만 영업비밀 침해가 성립한다. 영업비밀이 되기 위하여는 비공지성, 경제성, 비밀유지성 등의 요건이 있어야 한다. 예를 들어 코카콜라의 레시피나 KFC 치킨의 양념 비법이 영업비밀로 보호된다면 허락 없이 이를 제조하는 행위는 영업비밀 침해가 될 수 있다.

앞으로는 무엇이 저작권인지, 특허인지, 영업비밀, 부정경쟁행위인지에 대한 설명을 하고 조리법은 어떻게 보호되는지를 살펴본다.

2. 지식재산권의 기본적인 내용

지식재산권은 특허, 저작권, 영업비밀 등으로 이루어져 있다. 특허는 자연법칙을 이용한 기술적 사상의 창작을 보호하고, 저작권은 사상이나 감정의 표현을 보호한다. 또한 영업비밀은 공연히 알려지지 아니한 독립된 경제적 가치를 갖는 비밀로 유지된 기술상 또는 경영상 정보를 말한다. 이 외에도 상표나 디자인 등도 지식재산권의 범위에 포함된다.

Ⅱ. 특허제도 일반

1. 특허제도 기본 이론

특허는 아이디어를 보호하는 것이다. 특허를 받기 위해서는 새로운 기술적 사상의 창작을 이루어 내야 한다. 즉 특허는 산업상 이용 가능성을 위하여 기술 분야와 같은 새로운 아이디어를 보호한다.

특허는 아이디어를 보호받는 것이므로 명세서를 작성해서 제출하면 된다. 특허를 받기 위하여는 실제로 제품을 만들어서 특허청에 가져갈 필요는 없다. 예를 들어 미국의 레멜슨(Jerome H. Lemelson: 1923-1997)은 600여 개 이상의 특허를 보유한 바 있다. 레멜슨은 실제로 제품을 만들어 특허를 출원하지 않았다. 레멜슨은 실제 기술을 개발하기보다는 앞으로 기술 개발 방향을 예상하여 발전 분야에서 나올 특허를 미리 출원하고 등록받았다. 이후 실제 제품이 상용화되면 이에 대한 특허의 사용 대가를 청구하여 막대한 로열티를 받았다.

특허는 등록주의이다. 특허를 받기 위하여는 특허청에 출원하고 심사를 거쳐 등록을 받아야 한다. 개인의 아이디어가 새롭고 창의적이더라도 특허로 등록되지 않으면 특허로서 보호되지 않는다. 특허의 보호 기간은 20년이다. 특허는 등록되면 출원일로부터 20년간 보호를 받는다.

2. 특허요건

특허를 받기 위해서는 산업상 이용가능성(산업상으로 이용할 수 있어야 함), 신규성(공지나 공인이 되지 않던, 기존에 없던 내용이어야 함), 진보성(기존에 있던 것보다 추가해서 발전된 것으로 통상의 기술자가 생각하기에 쉽지 않은 것이어야 함)이 있어야 한다.

3. 산업상 이용가능성

우리나라의 학설과 판례는 의료행위에 관한 발명을 산업상 이용가능성이 없는 대표적인 예로 다루고 있다. 미국의 경우 의료 및 수술방법에 관해서도 '방법특허'로서 특허성을 인정하고 있다.

4. 신규성

(1) 신규성의 정의

신규성이란 발명의 내용인 기술적 사항이 종래의 기술적 지식, 선행기술에 비추어 알려지지 않은 새로운 것을 말한다. 발명에 신규성이 없다는 것은, 그 발명과 똑같은 내용의 기술이 이미 존재하고 사회 일반에 공개되어 공중의 재산으로 되었다는 것을 의미하므로 존재하는 기술과 동일한 내용의 발명을 한 자에게 특허를 줄 아무런 이유가 없기 때문이다.

장소적 기준을 보면 기술이 출원 당시 공지, 공용인지 여부는 국내외를 불문한다(국제주의). 구 특허법은 비록 출원 전에 국외에서 공지, 공용되었다고 하더라도 국내에서는 공지, 공용된 상태가 아니었다면 그 발명에 신규성을 인정하였으나, 정보통신 등의 발달로 국외에서 공지, 공용된 기술을 국내에서도 쉽게 접할 수 있다는 점, 출원 전에 국내에서뿐 아니라 국외에서 알려진 기술에 대하여도 특허가 부여되지 않도록 하여 국제적인 기술공개의 현실을 반영하여 국제주의를 취하게 되었다.

(2) 신규성 간주

어떠한 발명이 특허출원과 같이 독점적인 권리를 청구하는 절차에 들어가지 않은 채 일반에게 공개되면 이는 공중의 재산(Public domain)에 내놓은 것으로 보아 누구든지 자유롭게 이를 이용할 수 있도록 하는 것이 원칙이다.

그러나 이러한 원칙을 예외 없이 고수하는 것은 발명자에게 지나치게 가혹한 면이 있으므로 특허법 제30조 제1항의 사유 때문에 발명이 공개된 경우에는 일정한 요건하에 본 발명의 공개가 있은 날로부터 12개월 이내에 특허출원을 하면 예외적으로 신규성을 상실하지 않는 것으로 본다.

5. 진보성

(1) 의 의

신규의 발명이라고 하더라도 특허출원 전에 그 발명이 속하는 기술분야에서 통상의 지식을 가진 자가 공지, 공용 또는 간행물에 게재된 기술로부터 용이하게 발명할 수 있는 것일 때에는 그 발명에 대하여는 특허를 받을 수 없다고 규정하여 특허요건으로 진보성을 요구한다. 공지의 기술 수준에서 쉽게 생각할 수 있는 것, 잠재적 기술 수준, 선행기술에 비추어서 너무나 자명한 것은 특허를 부여하지 않는다.

(2) 진보성의 판단

전문분야에서의 선행기술을 바탕으로 그 발명이 속하는 기술분야에서의 공지기술만을 기초로 하여 판단한다.

전문가, 통상의 기술가, 평균적 전문가를 기준으로 한다. 당해 발명이 공지기술에 비추어 용이한 것인가 아닌가는 그 발명이 속하는 기술 분야에서 통상의 지식을 가진 자의 전문지식에 의하여 판단한다.

(3) 진보성 판단에 있어서 사후적 고찰의 금지

전문가가 당해 특허의 이론을 알고 난 후에는 공지기술로부터 당해 특허의 발명적 해결을 손쉽게 이끌어 낼 수 있는 경우가 극히 많으므로, 발명을 사후적으로 분석함은 타당하지 못하다. 심사관, 심판관, 기술적 전문가로서는 당해 특허발명의 출원 전의 상태로 돌아가서 당해 특허의 지식을 알지 못한다는 상태에서 발명의 진보성 여부를 따져 보지 않으면 안 된다.

(4) 진보성의 판단 기준

먼저 발명의 목적, 구성, 효과를 분석한다. 발명의 진보성을 긍정할 수 있는 자료로 상업적 성공이 있다. 미국에서는 인정한 사례가 있었으나 우리나라에서는 부정한다. 발명의 진보성을 부정할 수 있는 자료로는 단순한 숙련, 공지 기술의 단순한 집합, 균등물에 의한 치환 등이 있다.

(5) 진보성 유무의 효과

진보성이 있는 발명은 특허요건 일부를 충족시키므로 특허받을 수 있으나, 진보성이 없는 발명은 특허법 제62조에 의하여 거절

결정되며, 착오로 특허가 되더라도 특허법 제133조에 의해 무효심판의 대상이 된다.

6. 심사와 선원주의

(1) 선원(先願)주의

우리나라는 동일한 발명에 대해서 가장 먼저 출원한 자에게 특허를 부여하는 선출원주의를 택하고 있다. 동일한 날 특허를 출원한 경우에는 협의로 하나의 출원을 정하도록 하고 합의가 되지 않으면 모두 특허를 받을 수 없다.

(2) 선발명주의

선출원주의는 동일한 발명이 여러 건 출원되었을 때 먼저 '출원'한 자에게 특허권을 부여하는 제도이며 선발명주의는 출원 일자와 관계없이 우선 '발명'한 자의 특허권을 인정하는 것을 말한다. 현재 세계 각국이 선출원주의를 채택하고 있다.

(3) 심사주의

산업상 이용가능성, 신규성, 진보성에 대해서 심사한다. 요건에 만족하지 못한 경우 거절결정이 내려진다. 출원인은 보정을 거쳐 다시 심사를 받을 수 있다.

Ⅲ. 영업비밀과 부정경쟁행위

1. 영업비밀 제도

(1) 정 의

“영업비밀”이란 공공연히 알려져 있지 아니하고 독립된 경제적 가치를 가지는 것으로서, 비밀로 관리된 생산방법, 판매방법, 그 밖에 영업활동에 유용한 기술상 또는 경영상의 정보를 뜻한다(부정경쟁방지 및 영업비밀보호에 관한 법률 제2조 제2호).

(2) 목 적

기업은 보유한 기술을 영업비밀로 관리할 것인지 아니면 특허로 출원하여 보호받을 것인지를 정할 수 있다. 특허는 공개하고, 영업비밀은 공개하지 않는다. 영업비밀은 비공개를 전제로 영업비밀보유자가 비밀로서 계속 관리할 경우 영구히 자신만이 사용할 수 있다. 다만 타인이 동일한 기술을 정당하게 취득 또는 개발하여 사용할 경우 이를 금지할 수 없다. 타인이 특허권을 획득할 경우 영업비밀보유자는 영업비밀 사용에 있어서 제약을 받을 수 있다.

특허는 기술 공개를 전제로 일정한 심사과정을 거쳐 출원 후 20년 동안 독점 배타적인 권리를 부여한다. 특허권을 침해당할 경우 민사적 · 형사적으로 강력한 구제수단을 확보할 수 있으나, 다만 특허권 존속기간의 만료 후에는 누구나 그 기술을 사용할 수 있게 되어 보호를 받을 수 없게 된다.

이에 따라 기술이 공개될 경우 이른 시일 내에 역설계를 통해 제품 제조가 불가능한 기술정보, 기업 경영정보 등 특허권으로 보호받기 어려운 정보, 특허 권리화 이전 단계의 연구 아이디어 등은 영업비밀로 관리할 수 있다. 다만 이는 당해 기술의 종류, 수명 및 시장에서의 수요 등을 종합적으로 고려하여 결정하여야 한다.

2. 영업비밀보호의 3가지 요건

(1) 비공지성

어떤 정보가 영업비밀로서 보호받기 위해서는 당해 기술 등이 "공연히 알려졌지 아니한 것"이어야 한다. "공연히 알려졌지 아니한"이란 불특정 다수인이 그 정보를 알고 있거나 알 수 있는 상태에 있지 아니한 것으로서, 공개된 간행물 등에 게재되지 않고 비밀상태인 것을 의미하며, 당해 정보의 보유자는 당해 정보가 비밀상태(비공지성)이기 때문에 동 정보에 대한 경제적 이익과 시장에서 경쟁상의 우위를 누린다.

(2) 독립적 경제성

영업비밀로서 보호받기 위해서는 어떤 정보가 상업상 · 공업상 경제적 가치를 가지고 있어야 함을 전제로 한다. 이는 영업비밀 보유자가 시장에서 특정한 정보의 사용을 통해 경업자에 대한 경제상의 이익을 얻을 수 있거나 정보의 취득 또는 개발을 위해 상당한 비용이나 노력이 필요한 경우 등을 의미하며, 현실적으로 사용되고 있지 않다고 하더라도 장래에 있어서 경제적 가치를 발휘할 가능성이 있는 정보(잠재적으로 유용한 정보)와 과거에 실패한 연구데이터와 같은 정보도 경제적 가치를 가지고 있다고 할 수 있다. 이러한 경제적 가치는 당해 정보를 가지지 못한 경쟁자에 비하여 경제적으로 현실적 · 잠재적 우위만 있으면 되기 때문에 경제적으로 큰 우위는 필요하지 않다.

(3) 비밀 관리성

경제적 가치를 지닌 비공지 상태의 기술·경영 정보라 하더라도 영업비밀로서 보호받기 위해서는 당해 정보의 보유자가 비밀유지를 위하여 "상당한 노력"을 하여야 한다. 즉 영업비밀 보유자가 주관적으로 비밀을 유지하려는 의식을 가져야 하고, 객관적으로 제3자 또는 종업원이 알 수 있는 방식으로 비밀임을 표시하여 관리해야 한다.

3. 부정경쟁행위 보호요건

부정경쟁방지법(不正競爭防止法)이란 부정한 수단에 의하여 동종 영업을 하는 자의 이익을 해치는 경쟁행위를 방지하기 위하여 제정된 법률이다. 부정경쟁방지법 제2조 제1호 소정의 행위는 상표권 침해행위와는 달라서 반드시 등록된 상표와 동일 또는 유사한 상호를 사용하는 것을 필요로 하는 것이 아니고, 등록 여부와 관계없이 정당한 사유 없이 국내에 널리 인식된 타인의 성명, 상호, 상표, 상품의 용기·포장, 그 밖에 타인의 상품임을 표시한 표지(標識)(이하 이 목에서 "타인의 상품표지"라 한다)와 동일하거나 유사한 것을 사용하거나 이러한 것을 사용한 상품을 판매·반포(頒布) 또는 수입·수출하여 타인의 상품과 혼동하게 하는 행위를 의미한다.

4. 음식 조리법을 보호하기 위한 특허, 저작권, 영업비밀의 동일점과 차이점

음식 조리법은 특허를 출원하여 등록되면 보호받을 수 있다. 저작권의 대상은 표현이므로 음식 조리법을 음식 사진이나 음식 해설집을 출판하고 다른 사람이 그대로 사진이나 해설집을 이용하지 않는 한 저작권으로 보호되지 않는다. 코카콜라 레시피나 KFC 양념 같이 비밀로 유지·관리되지 않는 한 음식 레시피는 보호받기 어렵다. 이미 공개되어 영업비밀로 보호받지 못하게 된다. 슈니발렌이나 슈니팡과 같이 타인의 상표의 용기와 동일 또는 유사한 것을 사용하면 부정경쟁행위가 될 수 있다.

음식 조리법과 관련하여 재료에 관한 내용이나 조리법을 특허로 만들어 보호받을 수 있기는 하나 쉽지는 않다. 특허를 받았다 하더라도 다른 사람이 특허된 그대로의 방법으로 조리하지 않고 변형한다면 특허 침해가 되지 않을 수 있다. 예를 들어 닭찜 요리를 한다고 가정하고 100℃의 온도에서 100g의 음식을 30분 동안 조리하는 특허를 가진다면 다른 사람이 이를 회피하기 위하여 98℃의 온도에서 102g의 무게로 29분 정도로 조리하는 등의 방법으로 회피할 수 있다. 이에 따라 음식 조리법이 공개되면 누구나가 따라 할 수 있다고 볼 수 있다.

CHAPTER 2

저작물

Ⅰ. 저작물의 의의

1. 저작물

(1) 저작물

방송 프로그램의 포맷(format)은 저작물로 보호될 수 있을까? 최근 방송에서 보면 오디션 프로그램이나 경연 프로그램이 개별 방송국마다 비슷한 포맷으로 방송되고 있다. 예를 들면 오디션 프로그램의 경우 슈퍼스타K, K팝스타, 히든싱어, 나는 가수다, 불후의 명곡 등이 있다. 외국 방송 프로그램을 수입하여 제작하는 경우도 있다. 보이스 오브 코리아, 프로젝트 런웨이, SNL코리아 등이 있다. 반대로 중국에 한국의 방송 포맷을 수출하는 경우도 있다. 아빠 어디가, 런닝맨 등이다. 이처럼 방송의 구성이나 형식인 포맷이 저작물로 보호되는지에 대하여 알아본다. 만일 저작권으로 보호되지 못한다면 방송국이나 제작사의 경우 어떠한 방식으로 보호를 받을 것인가?

우리 저작권법은 "이 법은 저작자의 권리와 이에 인접하는 권리를 보호하고 저작물의 공정한 이용을 도모함으로써 문화 및 관련 산업의 향상발전에 이바지함을 목적으로 한다."고 규정한다(법 1조). 지식의 성과를 이용하려는 일반 공공의 필요와 저작자에게 보답함으로써 창작 활동을 자극하려는 필요를 가진다. 이러한 필요성에 따라 '저작물의 자유 이용, 일정 기간 경과 후 저작권의 소멸'이라는 제한을 하고 있다.

저작물이란 인간의 사상 또는 감정을 표현한 창작물을 말한다. 저작물은 문학, 학술 또는 예술의 범위에 속하는 것으로 인간의 지적, 문화적 활동의 모든 영역에 속하는 것을 포함하는 개념이다.

저작물은 창작물로, 창작물이란 독창적으로 표현한 것이다. 여기서 독창적으로 표현한 것은 특허의 신규성(novelty)과는 다르다. 일반적으로 특허의 경우는 새로운 것을 만들어야 한다. 이는 기존에 없는 내용을 만들어 낸다는 것이다. 그러나 저작권의 경우는 완전히 새로운 것을 만들어 내는 것이 아니라 기존의 있던 것을 기초로 하여 그대로 베끼지 않고 창조한 것을 의미한다. 그래서 음악을 듣다 보면 유사한 리듬이 있는 것을 알 수 있지만, 그 모든 경우가 다 저작권 침해라고 할 수는 없다. 동시에 유사한 음악을 만들어 낼 수 있고 거의 유사하지만 잘 보면 다른 점도 있는 경우도 있다.

(2) 저작물의 요건

어느 저작물이 법적으로 보호받기 위해서는 다음의 세 가지 요건을 갖추어야 한다. 첫째, 인간의 사상이나 감정을 나타내야 한다. 둘째, 창작성이 있어야 한다. 창작성은 '단순히 남의 것을 베끼거나 모방하지 않은 정도'라면 충분하다. 다만 누가 하더라도 같거나 비슷하게 할 수밖에 없는 작품은 창작성이 없는 것으로 본다. 셋째, 밖으로 표현되어야 한다. 작가의 사상이나 감정이 말이나 글, 소리, 그림, 형상 등의 방법에 따라 외부적으로 나타나야 한다.

창작물이 되기 위해서는 사상, 감정 등이 언어 등에 의하여 외부로 표현됨으로써 객관적인 존재로 되어야 하며 독창적으로 만들어진 것을 의미한다. 즉 객관적인 존재가 되어야 한다. 예를 들면 음악의 경우에는 악보에 표시되어야 하고, 소설의 경우는 원고에 정리되어야 한다.

창작성이 있어야 하며, 이때 창작성(Originality)이란 상대적인 개념으로 저작자 스스로의 능력과 노력으로 만든 것이면 창작성이 인정된다. 즉 다른 사람의 것을 베끼지 않았다는 것이 중요하다. 즉 독자적으로 제작된 것이며, 최소한의 창조성(creativity)을 가진 것을 말한다. 창작성이란 상대적인 개념으로 저작자 스스로 능력과 노력으로 만든 것이면 창작성이 인정된다.

창작물이 되기 위해서는 사상, 감정 등이 언어 등에 의하여 외부로 표현됨으로써 객관적인 존재로 되어야 하며 독창적으로 만들어진 것을 의미한다. 예를 들어 음악 작곡이면 악보에 표시되고, 소설이면 원고에 정리하여 사상이나 감정을 표현하여야 한다. 이는 철학적이거나 숭고한 것을 요구하는 것은 아니며, 지적 창작물로서의 저작물에 정신적인 내용이 표현되면 된다. 예를 들어 어린 아이가 그린 그림이 비싼 가격에 팔린 사례를 볼 수 있다. 이 경우도 아이의 감정이 표현되었기 때문에 저작물로 볼 수 있고 저작권이 생길 수 있다. 예술가나 지능이 높은 사람만이 저작물을 만들 수 있는 것은 아니다. 사상이나 감정이 표현되면 저작물이 될 수 있다.

(3) 저작물의 예시

저작권법은 다음과 같은 대상을 저작물로 예시하고 있다. 그러나 법에 예시되지 않은 것들도 창작성이 있다면 저작권법에 따라 보호받는 저작물에 해당한다.

- □ 소설 · 시 · 논문 · 강연 · 연술 · 각본 그 밖의 어문저작물
- □ 음악저작물
- □ 연극 및 무용 · 무언극 등을 포함하는 연극저작물

□ 회화 · 서예 · 조각 · 공예 · 응용미술저작물 그 밖의 미술저작물

□ 건축물 · 건축을 위한 모형 및 설계도서를 포함하는 건축저작물

□ 사진 및 이와 유사한 제작방법으로 작성된 것을 포함하는 사진저작물

□ 영상저작물

□ 지도 · 도표 · 설계도 · 약도 · 모형 그 밖의 도형저작물

□ 컴퓨터프로그램저작물

(4) 보호받지 못하는 저작물의 예시

모든 저작물이 법적으로 보호를 받는 것은 아니다. 우리 저작권법 제7조는 다음과 같은 저작물을 보호받지 못하는 저작물로 규정하고 있다.

□ 헌법 · 법률 · 조약 · 명령 · 조례 및 규칙

□ 국가 또는 지방자치단체의 고시 · 공고 · 훈령 그 밖에 이와 유사한 것

□ 법원의 판결 · 결정 · 명령 및 심판이나 행정심판절차 그 밖에 이와 유사한 절차에 의한 의결 · 결정 등

□ 국가 또는 지방자치단체가 작성한 것으로서 제1호 내지 제3호에 규정된 것의 편집물 또는 번역물

□ 사실의 전달에 불과한 시사보도[1)]

---

1) 언론매체의 정형적이고 간결한 문체와 표현 형식을 통하여 있는 그대로 전달하는 정도에 그치는 정치계나 경제계의 동향, 연예 · 스포츠 소식을 비롯하여 각종 사건이나 사고, 수사나 재판 상황, 판결 내용, 기상 정보 등도 여기에 해당한다. 대법원 2006.9.14. 선고 2004도5350 판결.

2. 저작권

(1) 저작권이란?

저작권이란 저작물을 배타적으로 이용할 권리를 말한다. '배타적'이란 다른 사람의 저작물을 이용할 때 해당 저작권자로부터 사전(事前) 허락을 받아야 한다는 것을 말하고, '이용'이란 저작물의 복제 · 배포 · 공연 · 공중송신 · 전시 등의 행위를 하는 것을 말한다. 따라서 다른 사람의 저작물을 사전 허락을 받지 않고 이용하면 저작권을 침해하는 행위가 된다.

(2) 저작권과 소유권의 차이

저작권과 소유권의 차이는 권리의 객체가 무체물인가 아니면 유체물인가에 달려 있다. 즉, 저작권은 무체적인 저작물을 배타적으로 이용할 권리지만 소유권은 유체물인 물건을 배타적으로 지배할 권리를 뜻한다. 예컨대 서점에서 책 한 권을 구입한 사람은 그 책의 소유권만을 취득한 것이고, 그 책을 복제 · 공연 · 방송 등의 방법으로 이용할 수 있는 저작권까지 취득한 것은 아니다. 따라서 구입한 책 속의 글이나 이미지 등을 무단으로 인터넷게시판, SNS(Social Network Service), 블로그 등에 게재하면 저작권을 침해하는 행위가 된다.

(3) 저작권은 언제 발생하는가?

저작권은 저작물의 창작이 완료됨과 동시에 발생한다. 다시 말하면, 저작권이 발생하기 위하여 아무런 절차나 방식이 요구되지 않는다는 뜻이다. 이를 '무방식주의'라고 한다. 출원 등록을 해야만 특허권이 발생하는 산업재산권(특허 · 실용신안 · 상표 · 산업디자인)과 다른 점이다. 특허와 달리 저작권은 심사요건을 가지지 않으므로 창작을 하는 순간부터 저작권이 생긴다. 창작물이 되기 위해서는 사상이나 감정 등이 언어 등에 의하여 외부로 표현되어 객관적 존재로 되어야 한다. 소설이면 원고에 정리, 음악이면 악보에 표시, 그림은 종이에 그리는 순간, 사진은 찍는 순간부터 저작권이 생긴다.

II. 저작물의 성립 요건

1. 저작물의 창작성

(1) 저작물의 창작성

저작물의 창작성, 인간의 사상 또는 감정의 표현, 아이디어와 표현의 이분법에 대하여 알아본다.

저작권법에서 보호하는 저작물은 인간의 사상 또는 감정을 표현한 창작물을 의미한다. 창작성은 완전한 의미의 독창성이나 수준 높은 예술성을 의미하는 것이 아닌 다른 사람의 것을 모방하지 않고 자신의 독자적인 사상 또는 감정의 표현을 담고 있음을 의미한다.

▎Ex ▎ 저작물이기 위한 창작성의 정도

판례는 저작권법에 의하여 보호되는 저작물이기 위하여는 문학・학술 또는 예술의 범위에 속하는 창작물이어야 하므로 그 요건으로서 창작성이 요구되나 여기서 말하는 창작성이란 완전한 의미의 독창성을 말하는 것은 아니며 단지 어떠한 작품이 남의 것을 단순히 모방한 것이 아니고 작자 자신의 독자적인 사상 또는 감정의 표현을 담고 있음을 의미할 뿐이어서 이러한 요건을 충족하기 위하여는 단지 저작물에 그 저작자 나름대로의 정신적 노력의 소산으로서의 특성이 부여되어 있고 다른 저작자의 기존의 작품과 구별할 수 있을 정도이면 충분하다. [대법원 1995.11.14. 선고 94도2238 판결(저작권법위반)]

남의 것을 베끼지 않았다는 것이 중요하다. 상대적인 개념으로 저작자 스스로의 능력과 노력으로 만든 것이면 된다.

(2) Feist사의 전화번호부 사례와 사실의 보호

저작권법은 노력으로 얻은 정보나 사실(Fact)을 보호하는 것이 아니다. 미국의 Rural사는 고객에게 일일이 물어 정보를 수집하여 전화번호부 정보를 얻었다. 미국의 Feist사는 Rural사의 전화번호부를 상당 부분 그대로 이용하여 전화번호부를 발간하였다. 이에 저작권 침해라는 주장을 Rural사가 하게 되었다. 미국의 법원은 1심과 2심에서는 상당한 노력과 자본을 투입해서 만들어진 Rural사의 전화번호부의 저작물성을 인정하였다. 미국 연방대법원은 수집한 전화번호의 창작적인 기준이 없고 알파벳 순으로 배열한 것은 창작적인 저작물이라 할 수 없다고 판단하였다. 이에 따라 정보 자체는 저작권의 대상이 되지 않고 수집과 선택과 배열이 창작적인 경우에 저작권으로 보호된다고 하였다.[2] 이에 따라 단순한 정보를 모으기만 하는 것은 저작권의 보호대상이 될 수 없다.

2) Feist Publications, Inc. v. Rural Telephone Service Co., 499 U.S. 340 (1991).

(3) 저작권과 자연경관 아이디어

아이디어나 콘셉트가 비슷한 경우에도 남의 것을 그대로 베끼지 않고 독자적으로 창작하면 창작성이 있을 수 있다. 예를 들어 대한 항공 솔섬 사진에서 자연환경의 독창적 아이디어를 인정하지 않았다.[3)]

---

3) 서울중앙지방법원 2014.3.27. 선고 2013가합527718 판결(항소)(각공 2014상, 360).

○ 사실관계

- 영국 출신 사진작가 갑이 을에게 '솔섬' 사진 작품에 관한 국내 저작권 등을 양도하였는데, 병 주식회사가 '솔섬'을 배경으로 한 사진을 광고에 사용하자 을이 병 회사를 상대로 '솔섬' 사진의 저작권 침해를 이유로 손해배상을 구한 사안.

○ 판결 요지

- 자연경관은 만인에게 공유되는 창작의 소재로서 촬영자가 피사체에 어떠한 변경을 가하는 것이 사실상 불가능하다는 점을 고려할 때 다양한 표현가능성이 있다고 보기 어려우므로, 갑의 사진과 병 회사의 사진이 모두 같은 촬영 지점에서 풍경을 표현하고 있어 전체적인 콘셉트(Concept) 등이 유사하다고 하더라도 그 자체만으로는 저작권의 보호 대상이 된다고 보기 어렵고, 양 사진이 각기 다른 계절과 시각에 촬영된 것으로 보이는 점 등에 비추어 이를 실질적으로 유사하다고 할 수 없다.

○ 관련 판결

- 항소심 판결: 서울고등법원 2014.12.4. 선고 2014나2011480 판결: 항소기각(확정)

(4) 저작물의 창작의 우연 일치

저작물을 창작할 당시 타인 저작물의 존재를 알지 못하고 노력으로 창작된 저작물은 표현이 유사하더라도 기존의 저작물의 저작권을 침해하는 것은 아니다.

(5) 인간의 표현이며 동물의 표현이 아님

인간의 표현을 보호하는 것이다. 원숭이가 찍은 셀카 사진은 인간의 표현을 보호하는 것이 아니므로 저작물로 보호받지 못한다.[4)]

(6) 아이디어는 저작권으로 보호되지 않음

예를 들어 복식 부기 방법의 아이디어는 저작권으로 보호받을 수 없다.[5)] 미국의 셀덴(Selden)이라는 사람은 종전의 부기(簿記)방식을 개량한 새로운 복식부기 방식을 개발해 그 방법을 설명한 책을 저술했다. 이 복식부기 방식이 인기를 끌자 베이커(Baker)라는 사람이 부기 책을 저술하면서 셀덴의 방식을 허락 없이 도용했다.

---

4) Naruto et al. v. Slater et al., no. 15-CV-04324 (N.D. Cal. 28 January 2016)(Order Granting Motions To Dismiss). Retrieved 30 January 2016.

5) Baker v. Selden, 101 U.S. 99 (1879).

셀덴은 베이커를 상대로 저작권 침해 소송을 제기했다. 미국 연방대법원은 셀덴이 새로 개발한 복식부기 방식은 저작권법의 보호를 받지 못하는 아이디어에 해당하며, 이러한 아이디어는 모든 공중이 자유롭게 사용할 수 있어야 한다고 하면서 저작권 침해를 인정하지 않았다.

2. 저작물의 표현

(1) 표현을 보호하는 것임

사상이나 아이디어는 특허나 영업비밀로 보호되므로 저작권으로 보호되는 것은 아니다. 뉴턴의 만유인력법칙이나 아인슈타인의 상대성 이론과 같은 과학 이론은 저작권으로 보호되는 것이 아니다.

예를 들어 배를 만드는 설계도가 있는 경우가 있다. 조선 방법에 관한 아이디어는 특허로 보호된다. 이 경우에 설계도를 이용하여 배를 만들더라도 저작권 침해는 안 된다. 저작권은 표현을 보호하는 것인데 단순히 아이디어를 침해하였기 때문이다. 설계도를 그대로 복사하거나 출판하면 그때 저작권 침해가 될 수 있다.

(2) 드라마의 플롯과 사건 전개의 일치

드라마의 경우 유사한 플롯이나 사건 전개를 하는 경우가 있다. 유사한 내용이더라도 표현이 동일하지 않으면 저작권으로 보호되지 않는다. 예를 들어 스토리가 유사하더라고 그대로 표현하지 않으면 저작권 침해가 되지 않는다. 선덕여왕 드라마와 연극의 저작권 사건에 대한 판례를 보면 주인공의 대립 구도나 사건 전개에서 일부 유사한 점이 있지만, 개별 요소의 전개 과정은 상당한

차이가 있어 저작권 침해로 인정하지 않았다.[6]

(3) 드라마 표현의 일치

저작권법에서 보호하는 저작물은 인간의 사상 또는 감정을 표현한 창작물을 의미한다. 표현이 동일하거나 일치하게 되면 저작권 침해가 된다. 여우와 솜사탕사건[7]을 들 수 있다. 〈사랑이 뭐길래〉는 역대 2번째 최고 시청률 64.9%를 기록한 작가가 극본을 집필한 드라마였고 〈여우와 솜사탕〉은 MBC 주말연속극으로 신예작가가 집필한 드라마이었다. 두 드라마는 구체적인 줄거리 및 사건의 전개과정, 인물들의 갈등구조와 그 해소과정에서의 등장인물들의 상호관계구도, 구체적인 에피소드의 동일성이 대사만 조금 바뀌었을 뿐 유사했다. 법원에서는 이와 같은 포괄적 비문자적 유사성을 인정하였다.

사랑이 뭐길래	여우와 솜사탕
하루에 열 번이든 스무 번이든 속을 빼서 한강물에 설렁설렁 흔들어 씻어가면서라두 살아야지 별 수 있나. 애들이 있는데.	하루에도 열두 번씩 속 빼서 설렁설렁 씻어 도루 집어넣구 내가 택한 길인데 이 악문 적 많아.
내 살아온 정리루 봐서 진심으로	그러니까 진심으루 충고하는데, 알

6) 대법원 2014.7.24. 선고 2013다8984 판결. 피고들의 이 사건 대본에 대한 접근 가능성이 인정되지 아니할 뿐만 아니라, 이 사건 드라마와 이 사건 대본이 독립적으로 작성되어 같은 결과에 이르렀을 가능성을 배제할 수 있을 정도의 현저한 유사성이 인정되지도 아니하므로, 두 저작물 사이에 의거관계가 있다고 할 수 없다.

7) 서울남부지방법원 2004.3.18. 선고 2002가합4017 판결.

충고하는데 지금 이혼당하면 그야 말루 비극이니까 조심하거라.	아서 해요. 이혼당하면 그야말루 비극이니까.
2회 S#15 부엌 순자—이 나이에 내가 그래 이러구 살아야겠어? 내가 말을 말어야지 말을 말어야지. 내 눈알 내가 쑤셔놓구서 … 미쳤지 미쳤어 … 하기는 안양 일대가 다 날더러 미쳤다구 했으니까. 여부자집 막내딸이 미쳐서 아무것두 없이 방울 두 개만 달그락거리는 사람한테 간다구 … (가스렌지 불켜고. 오랜된 것이 너무나 역력한 보리차 큰 주전자 올린다) … (올려놓고 나가면서) 아이고오 내 팔자야.	1회 S#8 봉사장집 말숙—휴우 일러 뭐해? 말해 뭐해? 내 눈알 내가 쑤셔놓고. 딸부자집 어말숙이 미쳐서 달랑 두 쪽 뿐인 인간한테 간다구 온 춘천이 다 뒤집어졌었는데. 아이고 내 신세야

(4) 노래 제목 · 광고 문구 · 표어나 슬로건의 단문

저작권법에서 보호하는 저작물은 인간의 사상 또는 감정을 표현한 창작물을 의미한다. 저작권법은 창작의 보호와 동시에 널리 사회에서 사용할 수 있도록 하는 목적이 있다. 이에 따라 노래 제목이나 책 제목은 개인이 선점하게 되면 저작권을 이용하여 독점할 수 있는 우려가 있으므로 노래제목이나 책 제목은 저작권으로

보호하지 않는다.

▌Ex▐

- '또복이'라는 만화의 제목에 대한 저작물성 부정
- 영화 왕의 남자 "나 여기 있고 너 거기 있어" 대사의 저작물성 부정
- "맛있는 온도는 눈으로 알 수 있다" 광고 카피 저작물성 부정
- 2NE1 '내가 제일 잘나가'와 '나가사키 짬뽕' 광고

3. 아이디어와 표현의 이분법(Idea/Expression Dichotomy)

(1) 아이디어의 보호

저작권법은 아이디어 자체를 보호하지 않는다. 저작권법상 아이디어는 공유의 대상으로 자유로운 이용을 통하여 인간의 자유로운 창작 활동을 장려하고자 한다. 아이디어나 콘셉트가 비슷한 경우에도 남의 것을 그대로 베끼지 않고 독자적으로 창작하면 창작성이 있을 수 있다. 저작권법은 창작의 보호와 동시에 널리 사회에서 사용할 수 있도록 하는 목적을 가진다.

대법원 판결에서 나타난 아이디어와 표현의 보호에 관한 내용은 다음과 같다.

> "저작권법이 보호하는 것은 문학·학술 또는 예술에 관한 사상·감정을 말·문자·음·색 등에 의하여 구체적으로 외부에 표현하는 창작적인 표현형식이고, 그 표현되어 있는 내용 즉 아이디어나 이론 등의 사상 및 감정 그 자체는 설사 그것이 창작성이 있다 하더라도 원칙적으로는 저작권법에서 정하는 저작권의 보호대상이 되지 아니하며," (대법원 판결)[8]

'희랍어 문법 교재 사건'에서 "아이디어나 이론 등의 사상 및 감정 그 자체는 설사 그것이 독창성, 신규성이 있다 하더라도 소설의 스토리 등의 경우를 제외하고는 원칙적으로 저작물이 될 수 없다" (대법원 판결)[9]

(2) 합체의 원칙(merger doctrine)

아이디어를 표현하는 방법이 하나여서 결국 아이디어와 표현이 합체된 것으로 보일 경우 저작물로서 보호를 부정하는 것이다. 누가 하더라도 같거나 비슷할 수밖에 없는 제약이 있는 경우 창작성을 부정한다. 예를 들어 영화의 장면을 묘사하거나 소설의 내용 중에 누가 표현하더라도 거의 동일한 표현이 나올 수밖에 없는 표현은 다른 사람이 유사하게 표현하더라도 저작권 침해가 될 수 없다. 그러한 아이디어에는 그러한 표현 말고는 나오기가 쉽지 않기 때문이다.

(3) 필수적 표현의 저작물성 제한(Scènes à faire)

어문저작물의 경우 어느 표현이 특정 아이디어를 나타내는 데에 표준적이거나 필수적인 경우에는 그 표현의 보호는 아이디어를 보호하는 결과가 되므로 저작권 보호가 제한된다. 누구나 동일한 표현을 쓸 수밖에 없는 경우 특정인이 독점하게 할 수 없으므로 다른 사람이 사용하더라도 가능한 것이다. 소설 희곡 등과 같은 저작

8) 대법원 1999.11.26. 선고 98다46259 판결.

9) 대법원 1993.6.8. 선고 93다3073 판결. 저작권자의 강의록에 사용된 것과 동일한 내용의 키-레터스(Key-letters)를 분석방법론으로 사용하고 그 이론을 이용하여 희랍어의 문법에 관한 자신의 저서에 사용하였지만 구체적인 표현까지 베끼지 않았으므로 저작권의 침해가 되지 아니한다고 한 사례.

물에서 기본적인 플롯 또는 등장인물의 타입 등이 중첩되더라도 이는 저작물성이 제한되는 때도 있다. 연해주 이민 한인들의 애환과 생활상을 그린 소설 '텐산산맥'과 드라마 '카레이스키' 사이에 실질적 유사성이 없다고 판단한 사건에서, "어떤 주제를 다루는 데 있어 전형적으로 수반되는 사건이나 배경 등은 아이디어의 영역에 속하는 것들로서 저작권법에 따른 보호를 받을 수 없다."(대법원 판결)[10]

(4) 시놉시스에서 저작권의 보호

시놉시스의 보호 여부는 주제나 소재, 사건 및 등장인물 등을 얼마나 구체적으로 표현하고 있는가이다. 추상적이고 포괄적인 소재, 어떤 주제를 다루는 데 있어 전형적으로 수반되는 사건이나 배경, 전형적이고 평범한 인물만을 묘사한 시놉시스는 아이디어의 영역에 불과하다. 구체적으로 이야기 구조가 설정돼 있고 이를 바탕으로 등장인물과 사건의 전개과정에 있어서 특이한 사건이나 대화, 어투가 나타나는 시놉시스의 경우 보호받을 가능성이 있다.

사건의 구성 등도 얼마나 구체적으로 묘사하느냐에 따라 표현에 해당할 수 있다. 바람의 나라 및 태왕사신기 사건: 드라마 "태왕사신기" 시놉시스가 단순한 아이디어 차원을 넘어 각 등장인물의 성격과 그들 상호 간의 상관관계, 대략적인 줄거리, 에피소드 등을

10) [대법원 2000.10.24. 선고 99다10813 판결] 연해주 이민 한인들의 애환과 생활상을 그린 소설 '텐산산맥'과 드라마 '카레이스키' 사이에 '카레이스키'의 제작시점에 그 연출가가 '텐산산맥'의 존재를 이미 알고 있어서 저작권 침해의 의거 관계는 추정되나 '카레이스키'는 '텐산산맥'과 완연히 그 예술성과 창작성을 달리하는 별개의 작품으로 실질적 유사성은 인정되지 않는다는 이유로 드라마 '카레이스키'가 소설 '텐산산맥'의 저작권을 침해하였다고 볼 수 없다고 한 사례.

포함하고 있어 그 자체로 독자적인 완성된 저작물로 존재한다.[11]

(5) 사업 아이템 제안서

새로운 사업에 대한 아이디어를 기술한 제안서가 보호받는다는 것은 아이디어 자체에 대한 보호를 의미하는 것이 아니라, 그 표현(서술된 문장, 설계도, 사진, 그림 등)에 대한 보호에 그친다. 따라서 단순한 사업 아이디어에 불과한 것을 다른 사람이 동일한 내용을 사업하더라고 저작권으로 보호받기는 쉽지 않다. 이것을 보호받기 위하여는 미리 특허로 관련 내용을 등록하거나 비밀유지 계약서(NDA: Non Disclosure Agreement)로 보호를 받아야 한다.[12]

(6) 방송 프로그램의 포맷

TV 포맷이란 특정 프로그램의 제작과 관련된 모든 정보를 확보하여, 동일한 또는 유사한 프로그램을 제작할 수 있도록 하는 것이다. 1990년대 말 〈Big Brother〉, 〈Who Wants To Be a Millionaire?〉, 〈Survivor〉가 큰 성공을 거둔 이후부터 세계 방송 영상 부문이 포

---

11) 손해배상(지)[서울중앙지법 2007.7.13. 선고 2006나16757 판결: 확정] 만화 "바람의 나라"와 드라마 "태왕사신기"의 시놉시스가 저작권에 의하여 보호받는 창작적인 표현형식에 있어서 실질적으로 유사하지 아니하므로, 위 시놉시스에 의해 위 만화 저작자의 저작권이 침해되었다고 볼 수 없다고 한 사례.

12) 사업하다 보면 자신이 보유하고 있는 정보를 필요로 다른 회사에 제공해야 하는 경우가 있다. 이때 상대방 회사가 당초 약속한 용도가 아닌 다른 용도로 해당 정보를 사용하지는 않을까, 아니면 제3자에게 중요한 내용을 누설하지는 않을까 걱정이 되는 일이 많다. 이럴 때 체결해야 하는 것이 비밀유지계약서(NDA: Non Disclosure Agreement)이다. 비밀유지계약서(NDA)는 일반적으로 다음과 같은 조항들로 구성된다: 비밀정보의 범위, 비밀정보의 사용 용도, 비밀유지의무, 비밀정보 관련 권리의 귀속, 위반 시 손해배상책임에 관한 내용.

맷에 관심을 갖게 되었다. 대본이 없는 포맷(Non-Scripted Format)과 대본 포맷(Scripted Format)으로 분류할 수 있다. 대본 없는 포맷은 미리 정해진 대본에 따라 움직이는 것이 아니라 참가자와 진행자가 프로그램을 자유롭게 끌고 가는 형태이다. 세부적으로는 게임쇼, 리얼리티/서바이벌, 탤런트 콘테스트, 데이팅 프로그램 등이다. 국가마다 지식재산권이나 저작권에 대한 인식 범위가 다르고, TV 포맷을 저작권으로 보호할지라도 적용 대상이 모호하다.

TV 포맷을 지식재산권 일부로 인정하여 보호해야 한다는 의식이 세계적으로 확산되고 있으나 통일된 규정이 존재하지 않고 있어 실질적으로 권리가 보장되는 것은 쉽지 않다. 즉 국가마다 저작권의 인식범위와 적용범위가 다르고 대상도 모호하여 일관된 법 적용이 어려운 상태이다. 저작권 이외에도 상표권, 불공정거래, 사칭통용, 비밀정보와 타이틀보호 등 비즈니스 권리로 인정받으려는 경향도 증가하고 있다.[13)]

4. 저작물의 보호 범위

(1) 음란물도 저작권으로 보호되는지

저작권법에서 보호하는 저작물은 인간의 사상 또는 감정을 표현한 창작물을 의미한다. 저작권법의 보호대상인 저작물이라 함은 사상 또는 감정을 창작적으로 표현한 것으로서 문학, 학술 또는 예술의 범위에 속하고, 윤리성 여부는 문제 되지 아니하므로 설사 그 내용 중에 부도덕하거나 위법한 부분이 포함되어 있다 하더라도 저작권법상 저작물로 보호된다.[14)]

13) 김명중, "TV 포맷의 시장 분석과 법적 권리보호에 관한 연구", 정치정보연구 16(1), 한국정치정보학회, 2013.6, 220면

다만 음란물 유통의 경우 「형법」, 「정보통신망 이용촉진 및 정보보호 등에 관한 법률」 등으로 처벌될 수 있다.

(2) 국가 · 지방자치단체 및 공공기관이 작성한 자료의 저작권 보호

우리 저작권법은 정부저작물에 관한 일반규정을 두지 않고, ① 헌법 · 법률 · 조약 · 명령 · 조례 및 규칙, ② 국가 또는 지방자치단체의 고시 · 공고 · 훈령 그 밖에 이와 유사한 것, ③ 법원의 판결 · 결정 · 명령 및 심판이나 행정심판절차 그 밖에 이와 유사한 절차에 의한 의결 · 결정 등, ④ 국가 또는 지방자치단체가 작성한 것으로서 앞서 규정된 것의 편집물 또는 번역물, ⑤ 사실의 전달에 불과한 시사보도 등 5가지 유형을 보호받지 못하는 저작물로 규정한다.

▌Ex ▌ 연합뉴스 기사 사건

사실의 전달에 불과한 시사보도'를 열거하고 있는바, 이는 원래 저작권법의 보호대상이 되는 것은 외부로 표현된 창작적인 표현 형식일 뿐 그 표현의 내용이 된 사상이나 사실 자체가 아니고, 시사보도는 여러 가지 정보를 정확하고 신속하게 전달하기 위하여 간결하고 정형적인 표현을 사용하는 것이 보통이어서 창작적인 요소가 개입될 여지가 적다는 점 등을 고려하여,

---

14) 저작권법의 보호대상이 되는 저작물이란 위 열거된 보호를 받지 못하는 저작물에 속하지 아니하면서도 인간의 정신적 노력으로 얻어진 사상 또는 감정을 말, 문자, 음, 색 등에 의하여 구체적으로 외부에 표현한 것으로서 '창작적인 표현형식'을 담고 있으면 충분하고, 표현된 내용 즉 사상 또는 감정 자체의 윤리성 여하는 문제 되지 아니하므로, 설령 내용 중에 부도덕하거나 위법한 부분이 포함되어 있다 하더라도 저작권법상 저작물로 보호된다[대법원 2015.6.11. 선고 2011도10872 판결].

독창적이고 개성 있는 표현 수준에 이르지 않고 단순히 '사실의 전달에 불과한 시사보도'의 정도에 그친 것은 저작권법에 의한 보호대상에서 제외한 것이다. [대법원 2006.9.14. 선고 2004도5350 판결(저작권법위반)]

(3) 2차적 저작물

원저작물을 번역·편곡·변형·각색·영상제작 그 밖의 방법으로 작성한 창작물(이하 "2차적 저작물"이라 한다)은 독자적인 저작물이다. 2차적 저작물의 보호는 그 원저작물 저작자의 권리에 영향을 미치지 아니한다. 미국 드라마 자막도 2차적 저작물이다. 미국 드라마나 일본 드라마의 자막은 2차적 저작물이 되므로 유통에 있어서 저작권 침해가 될 가능성이 있다.

다만 2차적 저작물의 권리관계는 결국 원저작물의 존재를 알고 원저작자로부터 정당한 이용권한을 부여받았는가에 의해 결정된다. 원저작물의 존재를 알지 못했다면 완전히 새로운 저작물이, 원저작물을 다른 대상으로 오인했다면 2차적 저작물이 성립되는 것과는 별도로 침해책임은 부담하지 않을 수 있지만, 사후 승낙을 통해 적절한 사용료가 지불되어야 할 것이다.[15]

(4) 편집 저작물

편집저작물은 독자적인 저작물로서 보호된다. 편집저작물의 보호는 그 편집저작물의 구성 부분이 되는 소재의 저작권 그 밖에 이 법에 따라 보호되는 권리에 영향을 미치지 아니한다. 예를 들어 베스트 앨범 모음집은 소재 선택이나 배열에 창작성이 있는 경우 편집 저작물로 보호된다.

---

15) 최상필, "이차적 저작물의 성립요건과 범위에 관한 일고찰", 동아법학 63, 동아대학교 법학연구소, 2014.5, 86면.

일반 저작물에도 소재의 선택과 배열이 일어나지만, 편집저작물은 소재에 대한 가감이 없이 작성되어 오로지 소재의 선택 또는 배열에만 창작성이 있을 수 있으므로 소재가 중요한 문제로 떠오른다. 소재가 무엇인가는 편집저작물의 창작성을 판단하는 대상을 확정하는 것이므로 중요한 작업이다. 이러한 판단은 편집자가 편집과정에서 의도하는 편집자의 주관이 아니라 그 편집물이 겨냥하고 있는 수요자층의 객관적 판단이어야 할 것이다. 왜냐하면, 편집저작물도 그 표현을 보호하는 것이지 아이디어를 보호하는 것은 아니기 때문이다.[16)]

(5) 결 론

방송 포맷은 저작권으로 보호되기가 쉽지 않다. 아이디어와 표현의 이분법으로 나누어 판단할 경우 구체적인 대본이 존재하지 않고 표현이 존재하지 않으므로 저작권 유사 침해판단이 쉽지 않다. 음악, 무대세트, 대사, 화면 구성의 유사성을 중심으로 저작권 침해를 인정할 가능성은 있지만, 극본이 그대로 진행되지 않는 형식의 경우 출연자의 구성과 내용에 따라 다른 내용이 방송되므로 저작권 침해를 인정하기 쉽지 않다. 이에 따라 저작권 침해가 인정되지 않는 경우 상표권, 부정경쟁행위, 민법상 불법행위 등을 원인으로 보호하는 방안이 있다.

16) 최두진, "편집저작물에 관한 법적 고찰", 법학연구 12(2), 인하대학교 법학연구소, 2009.8, 273면.

Ⅲ. 저작물의 분류

1. 서 론

최근에 음식 사진을 개인 SNS에 올리는 일이 점점 늘어나고 있다. 이 중 자기가 찍은 사진을 SNS에 올린 것을 다른 사람이 그대로 퍼가고 허락을 받지 않고 쓴다면 나의 저작권을 침해한 것일까? 만일 누가 찍어도 음식 사진이 별 차이가 없다면 어떻게 될 것인가?

2. 어문 저작물

(1) 도서의 제목이나 광고 문구

도서의 제목, 광고의 문구, 행사의 표어나 슬로건 같은 종류는 저작권으로 보호받지 못한다. 공중의 영역이므로 누구나가 사용 가능하며 개인이 독점하지 못한다. 이에 따라 슬로건 보호를 위하여는 상표로 보호하는 방안이 있다. 노래 제목, 책 제목 등도 저작권으로 보호받지 못한다. 나이키의 "just do it", 아디다스의 "nothing is impossible" 등은 저작권이 아닌 상표로 보호받아야 한다.

▌Ex ▌ 나가사키 짬뽕

△△식품이 '나가사키 짬뽕'을 출시해 판매하면서 '내가 제일 잘 나가사키 짬뽕'이라는 문구를 사용해 광고하자, 인기 걸그룹 투애니원(2NE1)의 노래 제목 '내가 제일 잘나가'의 작사 · 작곡자가 자신의 저작권을 침해했다고 소송하였으나 법원은 사상이나 감정을 창작적으로 표현한 저작물로 보기 어

려워 보호받을 수 없다고 판결하였다. (서울중앙지방법원 2012.7.23. 자 2012카합996 결정)

다만 분량이 적더라도 인간의 사상이나 감정을 표현하게 되면 저작물로 인정할 수 있다. "일반적으로 트윗 글은 140자 이내라는 제한이 있고 신변잡기의 일상적 표현도 많으며, 문제 된 이 사건 트윗 글 중에도 문구가 짧고 의미가 단순한 것이 있기는 하다. 트윗 글은 전체적으로 이외수의 사상 또는 감정이 표현된 글로서 저작물이다." (서울남부지방법원 2013.5.9. 선고 2012고정4449 판결)

(2) 실용적 어문 저작물의 보호

수험서 등의 실용적 어문저작물의 경우 누가 하더라고 같거나 비슷한 경우 창작성이 인정되기 쉽지 않다.

❙ Ex ❙ 재무관리 사건

"국가고시나 전문자격시험의 수험서와 같은 실용적 저작물의 경우, 그 내용 자체는 기존의 서적, 논문 등과 공통되거나 공지의 사실을 기초로 한 것이어서 독창적이지는 않더라도, 저작자가 이용자들이 쉽게 이해할 수 있도록 해당 분야 학계에서 논의되는 이론, 학설과 그와 관련된 문제들을 잘 정리하여 저작자 나름대로 표현방법에 따라 이론, 학설, 관련 용어, 문제에 대한 접근방법 및 풀이방법 등을 설명하는 방식으로 서적을 저술하였다면, 이는 저작자의 창조적 개성이 발현된 것이므로 저작권법에 따라 보호되는 창작물에 해당한다 할 것이다." [대법원 2012.8.30. 선고 2010다70520 판결(손해배상(지))]

(3) 시험 문제 저작권

시험 문제도 창작성이 있으면 저작권 대상으로 보호된다.

❙ Ex ❙ 의사 · 간호사 시험

의사 국가시험 및 간호사 국가시험 기출문제는 의사 또는 간호사로서 직무 수행능력을 갖추었는지를 평가하기 위한 문제이고, 위 증거들에 의하면, 의과대학 및 간호대학 교수들이 문제은행에 저장된 문제 중에서 출제문제를 선정한 후 수정 · 보완을 거쳐 이 사건 시험문제를 낸 사실을 인정할 수 있는바, 이 사건 시험문제는 현행 의과대학 및 간호대학 교과 과정에 요구되는 정형화된 내용과 불가분의 관계에 있다 하더라도, 질문의 표현이나 제시된 답안의 표현에 최소한도의 창작성이 있음이 인정되므로, 저작권법에 따라 보호되는 저작물에 해당한다. [서울동부지방법원 2012.1.19. 선고 2011고단1583 판결: 확정(저작권법위반)]

(4) 원리나 방식의 저작권

사상이나 감정 그 자체로는 보호되지 아니하고 외부적으로 표현된 결과물만이 저작물로 보호된다. 창작적인 학습이론이나 표현기법은 저작권 보호 대상이 아니다. 그 이론이나 기법 자체를 산업재산권(특허, 상표 등)으로 보호하는 방안이 필요하다.

❙ Ex ❙ "피고가 사용하고 있는 키-레터스를 이용한 희랍어의 분석방법은 비록 그것이 독창적이라 하더라도 어문법적인 원리나 법칙에 해당하므로 저작권의 보호대상인 표현의 영역에 속하는 것이 아니라 보호대상이 아닌 아이디어의 영역에 속하므로 그 이론을 이용하더라도 구체적인 표현까지 베끼지 않는 한 저작권의 침해로 되지는 아니할 것인바 …" [대법원 1993.6.8. 선고 93다3073 판결(위자료, 손해배상 등)]

3. 연극 저작물

(1) 연극의 저작물성

연극은 극본, 연출, 연기 등이 결합한 결합저작물이다. 공연예술 분야에서 저작권과 관련된 갈등발생 시, 아이디어 · 표현 이분법이 판결의 대원칙으로 전제된다. 창작성의 기준, 저작권 침해의 판단 근거로 아이디어와 표현의 각 해당 요건이 적용된다. 법원으로부터 창작성을 인정받은 표현의 영역에는 대사 · 동작 · 장면 · 리듬 등 극을 구성하는 요소에서 구체성, 복잡성, 독창성, 유일성의 성격을 지녔지만, 아이디어 영역에는 극을 구성하기 위한 밑받침으로서의 사실 · 자료 · 형식 · 기술 · 원리 측면에서 추상성, 단순성, 보편성, 대체 가능성의 성격을 지니는 것으로 파악되었다.[17]

▌EX ▌ 뮤지컬 '사랑은 비를 타고' 사건

"뮤지컬 자체는 연극저작물의 일종으로서, 뮤지컬은 음악과 춤이 극의 구성 · 전개에 긴밀하게 짜 맞추어진 연극으로서, 각본, 악곡, 가사, 안무, 무대미술 등이 결합한 종합예술의 분야에 속하고 복수의 저작자에 의하여 외관상 하나의 저작물이 작성된 경우이기는 하나, 그 창작에 관여한 복수의 저작자들 각자의 이바지한 부분이 분리되어 이용될 수도 있다는 점에서, 공동저작물이 아닌 단독 저작물의 결합에 불과한 이른바 '결합저작물'이라고 봄이 상당하다." [대법원 2005.10.4. 자 2004마639 결정(공연금지가처분)]

〈사랑은 비를 타고〉 사건과 같이 우리나라 법원은 뮤지컬, 오페라, 무용 · 무언극과 관련된 일련의 사건에서 연극저작물의 법적

---

17) 이재원 · 나윤빈 · 권혁인, "공연예술 저작권 분쟁 사례 연구: 연출가의 권리 보호를 중심으로", 예술경영연구 36, 한국예술경영학회, 2015.11, 101면.

성격과 관련하여 결합저작물에 해당한다는 입장이다. 이 사건에서 법원은 뮤지컬 제작자와 연출자가 뮤지컬의 저작권자이거나 공동저작권자에 해당하는지를 판단하기 위한 전제로서, 먼저 뮤지컬은 음악과 춤이 극의 구성 · 전개에 긴밀하게 짜 맞추어진 연극으로서 각본, 악곡, 가사, 안무, 무대미술 등이 결합한 종합예술의 분야에 속하고 복수의 저작자에 의하여 외관상 하나의 저작물이 작성된 경우이기는 하나 그 창작에 관여한 복수의 저작자들 각자의 이바지한 부분이 분리되어 이용될 수도 있다는 점에서 공동저작물이 아닌 결합저작물이라고 보는 것이 타당하다고 판시하고 있다. 이 사건에서 법원은 뮤지컬 제작자는 비록 뮤지컬의 기본설정에 착안해 내어 이를 대본작가나 작곡가에게 제공하였지만, 뮤지컬제작에 창작적 기여가 없는 이상 독자적인 저작권자라고 할 수 없으며, 뮤지컬 연출자는 대본의 수정이나 가사 작성에 관여함과 아울러 뮤지컬 제작 과정 및 공연에 이르기까지 전체적인 조율과 지휘 · 감독을 한 바 있기는 하지만 실연 자체에 대한 복제권, 방송권 등 저작인접권을 가질 뿐이라고 판단하였다.[18]

(2) 무대 디자인

무대 디자인은 민법상 계약, 불법행위, 부당이득 책임과 저작권법에 따른 보호가 가능하다. 그러나 무대 디자인을 완성하기 위해 투여된 노력의 가치를 인정하고 이를 충분히 보호하기에는 아직 미흡한 점들이 있다. 저작권법을 적용하기 위해서는 저작물의 성립요건을 충족시켜야 하고, 다수의 저작자 간에 발생하는 권리관계를 조정해야 하므로 무대 디자인으로 보호될 수 있는 범위와 저작

18) 김정완, "공연예술 보호에 관한 저작권법상의 고찰", 법학논고 49, 경북대학교 법학연구원, 2015.2, 604면.

권자의 범위를 결정함에 있어서 실질적 제한이 있을 수 있다.[19]

4. 무용 저작물

싸이의 '강남스타일'의 안무인 '말춤'이 유행하며 안무저작권에 대한 여론이 환기되고 있었다. 2011년도에 서울중앙지방법원과 서울고등법원에서 대중가요안무(시크릿의 '샤이보이'의 안무)의 저작권을 인정하는 판결이 내려졌다. '샤이보이'의 안무가가 자신의 춤을 이용해 강의에 사용하고 안무 동영상을 학원 홈페이지에 게재한 댄스교습학원을 상대로 손해배상 및 위자료 청구와 동영상 게재금지 청구를 하였는데, 법원이 저작권침해를 인정하여 승소판결을 내렸다(서울중앙지방법원 2011가합23960 판결, 서울고등법원 2011나104668 판결).

사상 감정을 표현하면서 창작성이 있으면 저작물성이 인정될 수 있다. 단순한 몸동작 하나하나가 무용저작물로 보호되기는 어렵다. 연속 동작을 통하여 인간의 사상이나 감정이 포함된 하나의 극을 표현하는 전체적인 부분이 보호를 받을 수 있다.

무용전문가와 저작권법 전문가는 무용의 저작권 보호에서 상반된 의견을 가진다. 무용전문가는 현행 저작권법에 대해 잘 알지 못하고 저작권법전문가는 무용저작물의 특성을 제대로 알지 못하기 때문이다. 무용전문가와 저작권전문가의 이해 차이가 좁혀져야 무용저작권이 제대로 보호될 수 있을 것이다.[20]

---

19) 한지영, "무대 디자인의 보호방안에 관한 연구", 법학연구 55(1), 부산대학교 법학연구소, 2014.2, 325면.

20) 홍미성, "델파이기법을 이용한 안무저작권의 보호범위", 한국체육학회지 55(6), 한국체육학회, 2016.11, 639면.

사교댄스의 저작물성 인정과 관련하여 단순한 기존의 스텝인 경우는 창작성을 인정하지 않아 보호되기 어렵다.

▍Ex▐ shall we dance 사건

일본의 유명 영화 "Shall we dance"의 안무가가 자신의 저작권 침해 문제를 주장한 사안에서 법원은 "극히 짧고 일반적으로 사용되는 스텝 등은 저작물성이 인정될 수 없으며, 짧은 신체의 동작이나 움직임에 저작물성을 인정하고 독점을 인정하는 것은 본래 자유이어야 하는 인간의 몸의 움직임을 과도하게 제약하는 것으로 타당치 못하다"고 판결하였다.[21]

피겨 스케이팅의 안무도 창작성이 인정되면 보호될 수 있다. 걸그룹 안무도 창작성이 인정되면 보호할 수 있다. 댄스 학원에서 교습비를 받고 강습하거나, 광고 등에 그대로 이용하는 것은 저작권 침해의 문제가 발생할 수 있다. 걸그룹 시크릿의 샤이보이 안무 사건에서 안무는 원고가 노래에 맞게 소녀들에게 적합한 일련의 신체적 동작과 몸짓을 창조적으로 조합・배열한 것으로서 원고의 사상 또는 감정을 표현한 창작물에 해당한다.[22]

5. 미술 저작물

(1) 미술저작물의 보호

형상 또는 색채에 의해 미적으로 보호되는 저작물로 회화・서예・조각・판화・공예・응용미술 저작물 등이다.

---

21) 東京地裁 平成24年(2012) 2月28日선고 平成20年(ワ)第9300号 판결.
22) 서울고등법원 2012.10.24. 선고 2011나104668 판결.

(2) 응용미술 저작물의 보호

"응용미술 저작물"은 물품에 동일한 형상으로 복제될 수 있는 미술저작물로서 그 이용된 물품과 구분되어 독자성을 인정할 수 있는 것을 말하며, 디자인 등을 포함한다. 응용미술 저작물의 경우 디자인으로 중첩적으로 보호할 수 있다.

❙ EX ❙ 서적표지 디자인 사건

응용미술 저작물로서 저작권법의 보호를 받기 위해서는, 산업적 목적으로의 이용을 위한 '복제 가능성'과 당해 물품의 실용적 · 기능적 요소로부터의 '분리 가능성'이라는 요건이 충족되어야 한다. [대법원 2013.4.25. 선고 2012다41410 판결(출판 및 판매금지 등)]

❙ EX ❙ 히딩크 넥타이 사건

일명 '히딩크 넥타이'의 도안이 우리 민족 전래의 태극문양 및 팔괘 문양을 상하 좌우 연속 반복한 넥타이 도안으로서 응용미술 작품의 일종이라면 위 도안은 '물품에 동일한 형상으로 복제될 수 있는 미술저작물'에 해당한다고 할 것이며, 또한 그 이용된 물품과 구분되어 독자성을 인정할 수 있는 것이라면 저작권법에서 정하는 응용미술 저작물에 해당한다고 한 사례. [대법원 2004.7.22. 선고 2003도7572 판결(저작권법위반)]

현대미술에 있어서 우연히 형태가 유사하다는 것은 사실상 거의 불가능하다. 현대미술 장르에서 저작권 분쟁이 있는 경우에는 각 저작물의 장르마다 실질적 유사성의 기준을 달리 보는 판례의 경향에 따라서도 아이디어의 중요성을 강조하여 현대 시각 미술 저작물의 실질적 유사성을 넓게 인정할 필요가 있다. 피고를 구제하기 위해서는 작품이 새로운 독창성이 있거나, 공정이용이 있다는 식으로 항변하는 것이 바람직하다. 그러나 궁극적으로는 법원에 의한 구체적인 판례가 더욱 자세하고 다양하게 쌓이고, 이러한 학계의 연구 및 판례법을 토대로 하여 입법적 해결이 필요하다.[23]

(3) 디자인과 미술저작물

현행 국내법상 디자인의 보호에 있어 저작권이 디자인권과 비교하면 권리존속의 기간이 길고 엄격한 요건 없이 등록할 수 있다는 점에서 매우 강력하고 간편한 법적 보호를 제공한다. 유행성이 강하고 라이프사이클이 짧은 패션의 속성을 고려할 때, 창작자 사후 70년의 장기간에 걸친 패션디자인의 저작권적 보호는 과도한 보호라는 우려도 설득력이 있다.[24] 이중적으로 보호할 수 있는 우리나라와 같은 법제적 환경에서는 창작물의 경제적 가치와 가능성을 다각도에서 점검하고 창작물의 법적 권리화 문제를 예술적 가치의 관점에서뿐만 아니라 경영의 관점에서도 접근할 필요가 있다. 즉, 저작권법과 디자인보호법은 법 목적, 보호 대상 및 권리의 효력 등에서 각각 차이가 있어 작가는 보호하고자 하는 창작물의 성격이나 사업상 이용 가능성 및 활용 목적 등을 고려하여 저작권과 디자인권 중 어떤 법적 보호 장치를 통해 창작물을 보호할 것인지를 전략적으로 선택해야 한다.[25]

디자인 등록과 저작권 등록은 일부 양립할 수 있다. 다만 그

---

23) 최동배, 김별다비, "현대미술 장르에서 표절이 저작권 침해가 되기 위한 요건에 관한 연구", 법학연구 40, 전북대학교 법학연구소, 2013.12, 379면.

24) 조경숙, "패션디자인의 저작권법상 보호 가능성에 대한 고찰: 저작물의 성립요건과 보호대상 저작물의 유형 검토를 중심으로", 복식 64(1), 한국복식학회, 2014.1, 133면.

25) 조경숙, "순수 · 응용미술저작물의 저작권법상 보호", 아시아민족조형학보 13, 아시아민족조형학회, 2014.6, 55면.

보호범위가 달라서 동시에 두 가지 등록이 모두 가능하지 않을 수도 있다. 디자인권의 경우 출원 과정을 통하여 등록되어야만 보호가 되며, 디자인권이 인정되기 위해서는 신규성 및 창작 비용이성이 인정되어야 한다. 그리고 디자인권이 등록되면 누구라도 해당 디자인과 동일, 유사한 디자인에 대하여 권리를 주장할 수 없다. 저작권은 별도의 등록이 이루어지지 않더라도 보호받을 수 있고, 창작성이 인정되면 저작권이 인정된다. 저작권이 발생한 저작물과 실질적으로 유사한 콘텐츠를 창작한 경우 그 창작자가 만약 기존의 저작물을 전혀 참고하지 않고 전혀 별개로 창작한 것이라면 그러한 창작물은 기존의 저작물과 실질적으로 유사하다고 하더라도, 별개의 저작권이 인정될 수도 있다. 디자인 등록과 저작권 등록 중 어느 등록이 더 효과적으로 보호받는 방안이 될 것인지는 각 사안에 따라 다르다.

6. 건축 저작물

건축물 · 건축을 위한 모형 및 설계도서 등으로 사상 또는 감정이 토지상의 공작물에 표현된 것을 말한다.

▌Ex ▌ 아파트 평면도 사건

어떤 아파트의 평면도나 아파트 단지의 배치도와 같은 기능적 저작물에 있어서 저작권법은 그 기능적 저작물이 담고 있는 기술사상을 보호하는 것이 아니라, 그 기능적 저작물의 창작성 있는 표현을 보호하는 것이므로, 설령 동일한 아파트나 아파트 단지의 평면도나 배치도가 작성자에 따라 정확하게 동일하지 아니하고 다소간의 차이가 있다고 하더라도, 그러한 사정만으로 그러한 기능적 저작물의 창작성을 인정할 수는 없고 작성자의 창조적 개성이 드러나 있는지를 별도로 판단하여야 할 것이다. [대법원 2009.1.30. 선고 2008도29 판결(저작권법위반)]

7. 사진 저작물

사진 및 이와 유사한 제작방법으로 인간의 사상 또는 감정을 영상의 형태로 표현한 저작물을 말한다. 사진저작물의 경우 피사체의 선정, 구도의 설정, 빛의 방향과 양의 조절, 카메라 각도의 설정, 셔터의 속도, 셔터찬스의 포착, 기타 촬영방법, 현상 및 인화 등의 과정에서 촬영자의 개성과 창조성이 인정되어야 한다.[26] 이에 따라 저작자의 사상과 감정이 창작적으로 표현되면 어떠한 방식으로 찍어도 사진에 저작권이 생긴다. 이에 따라 음식 사진을 창작성이 있게 찍으면 저작권이 생긴다. 이를 허락받지 않고 복제하면 저작권 침해가 된다. 따라서 마음대로 사진을 퍼가면 안 된다.

다만 사진의 경우 누가 찍어도 개성이 표현될 여지가 전혀 없는 경우는 예외적으로 저작권이 인정되지 않으므로 이를 이용하여도 저작권 침해가 되지는 않는다.

▎Ex ▎ 수술 장면 촬영

"고주파 수술기를 이용한 수술 장면 및 환자의 환부 모습과 치료 경과 등을 충실하게 표현하여 정확하고 명확한 정보를 전달한다는 실용적 목적을 위

26) 저작권법에 의하여 보호되는 저작물이기 위하여는 문학·학술 또는 예술의 범위에 속하는 창작물이어야 하므로 그 요건으로서 창작성이 요구되는바, 사진저작물은 피사체의 선정, 구도의 설정, 빛의 방향과 양의 조절, 카메라 각도의 설정, 셔터의 속도, 셔터찬스의 포착, 기타 촬영방법, 현상 및 인화 등의 과정에서 촬영자의 개성과 창조성이 인정되어야 저작권법에 의하여 보호되는 저작물에 해당된다[대법원 2001.5.8. 선고 98다43366 판결].

하여 촬영된 사진들은 저작권법상의 사진저작물로서 보호될 정도로 촬영자의 개성과 창조성이 인정되는 '저작물'에 해당한다고 보기는 어렵다." [대법원 2010.12.23. 선고 2008다44542 판결(저작권침해금지 등)]

❙ Ex ❙ 음식점, 찜질방 광고용 사진

광고용 책자에 게재된 광고사진 중 음식점의 내부 공간을 촬영한 사진은 누가 찍어도 비슷한 결과가 나올 수밖에 없는 사진으로서 사진저작물에 해당한다고 보기 어려우나, 찜질방 내부 전경 사진은 촬영자의 개성과 창조성을 인정할 수 있는 사진저작물에 해당한다고 본 사례. [대법원 2006.12.8. 선고 2005도3130 판결(저작권법위반)]

❙ Ex ❙ 햄 제품 사진

광고용 카탈로그의 제작을 위하여 제품 자체만을 충실하게 표현한 사진의 창작성을 부인한 사례. [대법원 2001.5.8. 선고 98다43366 판결(손해배상(기))]

8. 영상 저작물

"영상저작물"은 연속적인 영상(음의 수반여부는 가리지 아니한다)이 수록된 창작물로서 그 영상을 기계 또는 전자장치에 의하여 재생하여 볼 수 있거나 보고 들을 수 있는 것을 말한다. CCTV 영상과 같이 창작성이 없는 것은 영상저작물이 될 수 없다. 스포츠 경기의 경우 단순한 앵글이 아닌 다양한 앵글과 촬영 편집에서 창작성이 인정되면 영상 저작물이 될 수 있다.

❙ Ex ❙ CJ 헬로비전 사건

이 사건 방송 프로그램은 다양한 영상저작물로 구성되어 있고 그중에는 앞에서 본 바와 같이 신청인(KBS, MBC, SBS)들이 저작권을 보유하고 있는 저작물도 있을 것이다. 그러나 신청인들이 저작권 자체를 양수하지 못한 채 단순히 그 이용권만을 취득하여 방송하는 외주제작 프로그램, 광고주 또는 광고제작업체가 저작권을 보유하고 있는 방송광고 등 일정한 저작물에 대하여는 신청인들이 저작권자가 될 수 없으므로 동시중계방송권 등의 저작인접권을 행사할 수 있을 뿐 직접 저작권인 공중송신권을 행사할 수는 없다. [서울중앙지방법원 2009.12.31.자 2009카합3358 결정: 항고(저작권 등 침해중지가처분)]

저작권법 제99조 내지 제101조는 다음과 같이 영상저작물에 관한 특례를 규정하고 있다. 영화를 비롯한 영상저작물은 대개 여러 사람이 창작에 참여하는 저작물이다. 이에 일반적으로 다양한 저작물들이 모여 하나의 저작물을 이룬다. 만일 공동저작물성을 고려하여 각각의 저작자들이 공동저작권 행사에 의거하여 '영상화를 허락한 저작물'에 대해 개별적으로 권리를 행사하게 된다면, 영상저작물의 원활한 이용이 크게 저해될 수 있다. 저작권법은 이러한 점을 고려하여 영상저작물에 관한 특례 규정을 두고 있다.[27]

27) 장서희, "영화음악 공연사용료 소송을 통해서 본 영화의 저작권법적 쟁점: 영상저작물에 관한 특례를 중심으로", 영화연구 59, 한국영화학회, 2014. 3, 286면.

9. 도형 저작물

(1) 도형 저작물

지도 · 도표 · 설계도 · 약도 · 모형 그 밖의 도형으로 인간의 사상 또는 감정을 창작적으로 표현한 것이다. 새로운 사업에 대한 아이디어를 기술한 제안서가 보호받는다는 것은 아이디어 자체에 대한 보호를 의미하는 것이 아니라, 그 표현(서술된 문장, 설계도, 사진, 그림 등)에 대한 보호에 그친다.

❙ Ex ❙ 광화문 축소 모형 사건

실제 존재하는 건축물을 축소한 모형도 실제의 건축물을 축소하여 모형의 형태로 구현하는 과정에서 건축물의 형상, 모양, 비율, 색채 등에 관한 변형이 가능하고, 그 변형의 정도에 따라 실제의 건축물과 구별되는 특징이나 개성이 나타날 수 있다. 따라서 실제 존재하는 건축물을 축소한 모형이 실제의 건축물을 충실히 모방하면서 이를 단순히 축소한 것에 불과하거나 사소한 변형만을 가한 경우에는 창작성을 인정하기 어렵지만, 그러한 정도를 넘어서는 변형을 가하여 실제의 건축물과 구별되는 특징이나 개성이 나타난 경우라면, 창작성을 인정할 수 있어 저작물로서 보호를 받을 수 있다. [대법원 2018.5.15. 선고 2016다227625 판결]

(2) 지도의 저작물성

소재의 선택, 배열, 표현 방법을 종합하여 창작성이 있는 경우에 보호한다. 지도는 지표상의 산맥 · 하천 등의 자연적 현상과 도로 · 도시 · 건물 등의 인문적 현상을 일정한 축척으로 약속된 특정한 기호를 사용하여 객관적으로 표현한 것이다. 지도상에 표현되는 자연적 현상과 인문적 현상은 사실 그 자체일 뿐 저작권의 보호

대상은 아니라고 할 것이므로, 지도의 창작성 유무를 판단할 때에는 지도의 내용이 되는 자연적 현상과 인문적 현상을 종래와 다른 새로운 방식으로 표현하였는지, 그 표현된 내용의 취사선택에 창작성이 있는지 등이 판단의 기준이다.

▌Ex▐ 여행 천하 유럽사건

"피고인이 갑에게 저작권이 있는 여행책자의 내용을 배열이나 단어 일부를 바꾸는 방법으로 다른 여행책자를 발간·배포함으로써 저작권을 침해하였다는 공소사실에 대하여, 갑의 여행책자 중 여행지의 역사, 관련 교통 및 위치정보, 운영시간, 전화번호 및 주소, 입장료, 쇼핑, 식당 및 숙박 정보 등에 관한 부분은 객관적 사실이나 정보를 별다른 특색 없이 일반적인 표현형식에 따라 있는 그대로 기술한 것에 지나지 않아 창작성을 인정할 수 없고, 지도부분도 자연적 현상과 인문적 현상이 종래의 통상적인 방식과 특별히 다를 것이 없어 창작성을 인정할 수가 없다." [대법원 2011.2.10. 선고 2009도291 판결(저작권법위반)]

(3) 설계도의 저작물성

설계도의 저작물성을 보면 창작성이 인정될 여지가 적다. 기술적 사상은 특허 등의 방식으로 보호해야 한다.

▌Ex▐ 지하철 통신설비 설계도 사건

"동일한 기능을 하는 기계장치나 시스템의 연결관계를 표현하는 기능적 저작물에 있어서 그 장치 등을 구성하는 장비 등이 달라지는 경우 그 표현이 달라지는 것은 당연한 것이고, 저작권법은 기능적 저작물이 담고 있는 사상을 보호하는 것이 아니라, 그 저작물의 창작성 있는 표현을 보호하는 것이므로, 기술 구성의 차이에 따라 달라진 표현에 대하여 동일한 기능을 달리 표현하였다는 사정만으로 그 창작성을 인정할 수는 없고 창조적 개성이 드러나 있는지 여부를 별도로 판단하여야 한다." [대법원 2005.1.27. 선고 2002도965 판결(저작권법위반)]

▌Ex ▌ 기계장치 설계도

"동일한 기계장치를 표현하는 설계도가 작성자에 따라 정확하게 동일하지 아니하고 다소간의 차이가 있을 수 있다고 하더라도 그러한 사정만으로 그러한 기능적 저작물의 창작성을 인정할 수는 없다." [대법원 2007.8.24. 선고 2007도4848 판결(저작권법위반)]

10. 컴퓨터프로그램 저작물

컴퓨터프로그램저작물은 특정한 결과를 얻기 위하여 컴퓨터 등 정보처리능력을 가진 장치(이하 "컴퓨터"라 한다) 내에서 직접 또는 간접으로 사용되는 일련의 지시·명령으로 표현된 창작물을 말한다. 컴퓨터프로그램은 특허와 저작물로 동시에 보호될 수 있다. 다만 아이디어인 알고리즘은 보호되지 않고 표현만이 저작권으로 보호된다. 서체 파일이나 폰트도 프로그램으로 보호된다.

▌Ex ▌ 서체파일이 컴퓨터프로그램에 해당한다고 판단한 사례

[대법원 2001.6.29. 선고 99다23246 판결(저작권침해금지가처분)]

CHAPTER 3

저작자의 권리

‖ 제1절 ‖ 저작자

1. 저작자

(1) 저작자와 저작권자 구별

저작자는 저작물을 창작한 사람을 의미하며, 저작권자는 저작권을 보유한 사람을 의미한다. 예를 들어 빈센트 반 고흐가 그림을 그린 경우에 그림을 그린 고흐가 저작자가 된다. 그림을 구매한 사람은 물건인 그림 자체에 소유권만 있다. 창작한 고흐가 저작자인 동시에 저작권자가 되며, 이후 저작재산권을 고흐가 다른 사람에게 양도하면 고흐가 아닌 다른 사람이 그 그림에 대한 저작재산권자가 된다.

예를 들어 마이클 잭슨이 비틀스 노래의 저작권을 사고 이에 대한 저작권이 마이클 잭슨에게 이전되면 비틀스는 저작자이나 더는 저작권자가 아니게 된다. 마이클 잭슨은 비틀스 노래의 저작자는 아니나 권리를 양도받았으므로 저작권자가 된다. 이후 마이클 잭슨이 사망하여 저작권이 상속되면 상속받은 사람이 비틀스 노래의 저작권자가 된다. 따라서 저작자는 처음에 저작물을 창작하면 저작자인 동시에 저작권자가 되지만 이후에 저작재산권이 양도나 상속되면 다른 사람이 저작권자가 된다.

(2) 창작자 원칙

저작물을 창작한 자가 저작자가 된다. 저작물을 창작하게 되면 어떠한 절차도 필요없이 그때부터 창작자가 저작자가 된다. 특허의 경우는 특허청에 출원하여 심사를 받고 등록을 하는 경우에 권리가 발생한다. 저작권의 경우는 다른 절차가 필요없이 저작권이 발생한다.

창작적인 표현 형식에 이바지한 사람만이 저작물의 저작자가 된다. 창작의 힌트나 소재를 제공한 자는 저작자가 되지 않는다. 예를 들어 미국의 말콤 X 영화 사건을 보면 창작에 주요한 내용을 자문한 사람이더라도 창작에 이바지하지 않으면 저작자가 아니다. 또한, 타짜 만화와 영화에서 실재 인물로 창작의 모티브가 된 사람은 저작자가 아니다. 예를 들어 자폐아 소재 영화 "말아톤"의 실재 인물은 저작자가 아니다.

(3) 저작물의 조수

저작물을 창작할 당시 창작에 실질적으로 관여하지 않고 보조 역할을 한 경우 저작자가 아니다. 예를 들어 만화가의 문하생이나 어시스트가 있다. 이들은 메인 캐릭터를 생성하는 것은 아니고 바탕색이나 일부 적은 부분의 그림을 그리는 보조 역할을 하여 저작자가 되지 못한다. 다만 창작에 실질적으로 기여한 바가 있는 경우에는 저작자로 인정될 수 있다.

(4) 창작의 의뢰자, 주문자

창작을 위해 의뢰나 주문을 하는 경우는 저작자로 볼 수 없다. 예를 들어 레오나르도 다빈치의 '모나리자'의 경우 의뢰자나 모델은 저작자가 아니고 실제로 그린 사람이 저작자가 된다. 또한 대필 작가의 경우 집필을 의뢰한 사람이 저작자가 되는 것은 아니고 합의로 집필자가 저작자임을 주장하지 않을 것을 약속하는 것이다. 전기 작가의 경우 주요한 내용을 구술하거나 사실의 제공에 그친 경우는 주인공이 저작자가 되지 못한다. 원칙적으로 김연아 전기, 반기문 전기. 박찬호 전기의 경우 작가가 저작자이다. 실재 인물이 집필한 것이 아니라 작가가 이야기를 서술하였기 때문이다. 단, 실재 인물의 사진이나 기사 사용의 경우에 저작권 침해 우려가 있다. 저작권이 다른 사람에게 있기 때문이다.

(5) 저작자의 추정

다음 각 호의 어느 하나에 해당하는 자는 저작자로서 그 저작물에 대한 저작권을 가지는 것으로 추정한다: 1. 저작물의 원본이나 그 복제물에 저작자로서의 실명 또는 이명(예명 · 아호 · 약칭 등을 말한다. 이하 같다)으로서 널리 알려진 것이 일반적인 방법으로 표시된 자 2. 저작물을 공연 또는 공중송신하는 경우에 저작자로서의 실명 또는 저작자의 널리 알려진 이명으로서 표시된 자.

예를 들어 웹툰 작가 이말년, 기안 84 등의 경우 실제 이름과 필명이 다르지만, 필명을 보고 저작자를 추정한다.

2. 공동 저작자

(1) 공동 저작물

"공동저작물"은 2인 이상이 공동으로 창작한 저작물로서 각자의 이바지한 부분을 분리하여 이용할 수 없는 것을 말한다.

(2) 공동 저작물과 결합 저작물의 차이

공동저작물은 각자 분리할 수 없지만, 결합 저작물은 분리하여 개별적으로 이용할 수 있다. 그림이나 노래를 2인 이상이 만들어 합체한 경우는 분리할 수 없지만, 뮤지컬은 극본, 안무, 무대 디자인, 노래 등으로 분리하여 이용할 수 있다.

(3) 공동 창작의 의사

▌Ex ▌ 〈친정 엄마 대본 사건〉

① A는 자신이 작성한 연극 'ㅇㅇ엄마'의 초벌대본이 B에 의하여 수정 · 보완되어 새로운 창작성이 부여되는 것을 용인하였고, B도 A와 별개의 연극대본을 작성할 의도가 아니라 A가 작성한 초벌대본을 기초로 이를 수정 · 보완하여 더욱 완성도 높은 연극대본을 만들기 위하여 최종대본의 작성 작업에 참여한 점, ② A는 초벌대본이 B에 의하여 수정 · 보완되어 연극으로 공연되기까지 극작가의 지위를 유지하면서 대본작업에 관여하였고, B도 이 사건 저작물의 작성 과정에서 A로부터 수정 · 보완작업의 전체적인 방향에 관하여 일정 부분 통제를 받기는 하였으나 상당한 창작의 자유 또는 재량권을 가지고 수정 · 보완작업을 하여 연극의 중요한 특징적 요소가 된 새로운 캐릭터 · 장면 및 대사 등을 상당 부분 창작한 점, ③ 최종대본은 그 창작적인 표현형식에 있어서 A와 B가 창작한 부분을 분리하여 이용할 수 없는 단일한 저작물이 된 점 등을 살펴보면, A와 B는 이 사건 저작물의 공동저작자로 봄이 타당하다. [대법원 2014.12.11. 선고 2012도16066 판결(저작권법 위반)]

(4) 공동저작자의 저작 인격권

공동저작물의 저작인격권은 저작자 전원의 합의에 의하지 아니하고는 이를 행사할 수 없다. 이 경우 각 저작자는 신의에 반하여 합의의 성립을 방해할 수 없다. 공동저작물의 저작자는 그들 중에서 저작인격권을 대표하여 행사할 수 있는 자를 정할 수 있다.

(5) 공동저작자의 저작재산권의 기간과 저작재산권의 행사

공동저작물의 저작재산권은 맨 마지막으로 사망한 저작자가 사망한 후 70년간 존속한다. 공동저작물의 저작재산권은 그 저작재산권자 전원의 합의에 의하지 아니하고는 이를 행사할 수 없으며, 다른 저작재산권자의 동의가 없으면 그 지분을 양도하거나 질권의 목적으로 할 수 없다. 이 경우 각 저작재산권자는 신의에 반하여 합의의 성립을 방해하거나 동의를 거부할 수 없다. 공동저작물의 이용에 따른 이익은 공동저작자 간에 특약이 없는 때에는 그 저작물의 창작에 이바지한 정도에 따라 각자에게 배분된다. 이 경우 각자의 이바지한 정도가 명확하지 아니한 때에는 균등한 것으로 추정한다. 공동저작물의 저작재산권자는 그 공동저작물에 대한 자신의 지분을 포기할 수 있으며, 포기하거나 상속인 없이 사망한 경우에 그 지분은 다른 저작재산권자에게 그 지분의 비율에 따라 배분된다.

3. 업무상 저작물

(1) 업무상 저작물

“업무상 저작물”은 법인 · 단체 그 밖의 사용자(이하 “법인 등”이라 한다)의 기획하에 법인 등의 업무에 종사하는 자가 업무상 작성하는 저작물을 말한다. 저작물의 창작은 본래 사람이 하므로 사람만이 창작자가 되는 것이 원칙이지만, 법적으로는 업무상 작성된 저작물의 경우에 한하여 법인이나 단체(이하 ‘법인 등’이라 한다)를 창작자로 의제하고 있다.

법인 등이 업무상 저작물의 저작자가 되기 위해서는 다음의 요건을 충족해야 한다.

첫째, 고용된 근로자가 창작한 저작물이어야 한다. 여기서 '근로자'란 고용계약으로 회사나 단체 등의 업무를 위하여 고용된 자를 말한다. 예컨대 각종 회사원 · 공무원 · 교사 등을 말하며, 프리랜서는 여기에 해당되지 않는다. 둘째, 법인 등의 기획하에 업무상 창작한 저작물이어야 한다. 즉, 법인 등을 위한 업무로서 창작한 저작물이어야 한다는 뜻이다. 근로자가 근무 시간에 창작한 저작물일지라도 회사의 업무가 아닌 개인적 취미로 창작한 저작물은 개인 저작물이다. 셋째, 법인 등의 이름으로 공표되어야 한다. 여기에는 법인 등의 이름으로 공표할 것을 예정한 것도 포함된다. 따라서 개인 이름으로 공표되거나 법인 등의 이름으로 공표를 예정하지 않은 저작물은 일단 개인이 저작자로 추정된다. 왜냐하면, 업무상 저작물에 대하여 법인 등을 저작자로 의제하는 것은 창작자주의의 예외로써 인정되는 것이고, 저작권법 제9조는 법인 등을 업무상 저작물의 저작자로 보기 위한 충족요건을 규정한 것인데 그 요건을 충족하지 않은 업무상 저작물은 일반원칙, 즉, 창작자주의의 원칙이 적용되어야 하기 때문이다. 넷째, 근로계약이나 근무규칙에 업무상 창작한 저작물의 저작자를 근로자로 한다는 약정이나 규정이 없어야 한다. 만약 그러한 약정이나 규정이 있는 때에는 비록 법인 등의 이름으로 공표할 것을 예정한 것일지라도 그 업무상 저작물의 저작자는 근로자가 된다.

(2) 업무상 저작물의 저작자

일반적으로 창작을 한 사람이 저작자가 되나 그를 고용하는 기업이나 단체가 저작자가 되는 것이 업무상 저작물의 예외이다. 법인 등의 명의로 공표되는 업무상 저작물의 저작자는 계약 또는 근무규칙 등에 다른 정함이 없는 때에는 그 법인 등이 된다. 다만 컴퓨터프로그램 저작물의 경우 공표될 것을 필요로 하지 아니한다.

(3) 업무상 저작물의 요건

법인 · 단체 그 밖의 사용자가 저작물 작성을 기획하고, 법인 등의 업무에 종사하는 사람에 의하여 작성되어야 한다. 또한 업무상 작성하고 법인 등의 명의로 공표되며, 계약 또는 근무규칙 등에 다른 정함이 없어야 한다.

(4) 직무상 발명과의 차이

특허의 경우는 직접 창작한 사람이 발명자가 되고 회사가 보상하고 발명을 승계할 수 있지만, 저작권의 경우는 회사가 처음부터 저작권자가 되는 점에서 차이가 있다.

‖ 제2절 ‖ 저작권

1. 저작권의 발생

저작권은 저작물을 창작한 때부터 발생하며 어떠한 절차나 형식의 이행이 필요하지 아니한다. 무방식주의는 저작물의 모습을 갖추면 공표나 저작자 표시 등록을 하지 않고도 그때부터 보호한다. 방식주의에는 특정 저작물을 저작물로 보호받기 위하여 등록이나 저작권 표시, 납본 등의 일정한 방식이 있다. 특허나 상표는 등록을 효력 발생의 요건으로 하고 있다.

2. 저작권과 다른 권리와의 관계

(1) 저작권과 소유권의 관계

저작권은 눈에 보이지 않은 무체적인 권리이나 소유권은 눈에 보이는 물건에 대한 권리이다. 예를 들어 악보에 음악을 작곡한 경우 작곡가가 음악에 대한 저작권을 가지나 악보를 다른 사람에게 팔면 악보 자체에 대한 소유권이 이전한다. 소설가가 원고지에 소설을 쓴 경우 저작권은 소설가에게, 원고 초본을 팔면 원고 소유권은 산 사람에게 이전한다.

(2) 저작권과 상표권의 관계

양자는 병존하여 가능할 수 있다. 다만 상표는 등록하여야 한다.

(3) 저작권과 디자인권의 관계

양자는 병존하여 가능할 수 있다. 다만 디자인은 등록하여야 한다.

3. 저작권의 내용

저작권은 저작인격권과 저작재산권으로 구성된다. 저작인격권은 저작물에 대한 저작자의 명예나 명성을 보호하는 권리이고, 저작재산권은 저작자의 경제적 이익을 보전하는 권리이다.

(1) 저작인격권

저작인격권은 공표권, 성명표시권, 동일성 유지권으로 구성된다. 공표권은 저작물을 창작하여 공표하거나 공표하지 않을 권리이다. 미공표 저작물을 저작자의 허락 없이 임의대로 공표하면 공표권 침해가 된다. 다만 공표권은 최초 한 번 행사하면 소멸한다. 성명표시권은 저작물의 최초 공표 시 저작자가 실명(實名) 또는 이명(異名)을 표시하거나 아무런 표시를 하지 않을 권리이다. 저작물을 이용하는 사람이 저작자의 이름을 다른 사람의 이름으로 표시하거나[1] 빠뜨리게 되면 성명표시권 침해가 된다. 동일성유지권은 저작물의 내용 · 형식 및 제호의 동일성을 유지할 권리이다. 다른 사람의 저작물을 이용하면서 글의 제목을 변경 혹은 삭제하거나 저작물 전체나 일부를 변경하는 것 등이 여기에 해당한다.[2]

(2) 저작재산권

저작재산권은 복제권, 공연권, 공중송신권, 전시권, 배포권, 대여권, 2차적 저작물작성권으로 구성된다.

복제권은 저작물을 인쇄 · 사진 · 복사 · 녹음 · 녹화 그 밖의 방법에 따라 유형물에 고정하거나 유형물로 다시 제작할 권리이다. 책을 복사하거나 그림이나 사진 등을 책에 수록하거나 음악 CD를 굽거나 인터넷에서 자료를 내려받는 것 등이 여기에 해당한다.

공연권은 저작물을 상연 · 연주 · 가창 · 강연 · 상영 그 밖의

1) 대법원 1995.10.2. 선고 94마2217 결정. 동 법원은 "저작물을 수정하여 발간하면서 저작물의 공동저작자인 신청인의 성명을 표기하지 아니하고 피신청인을 공동저작자로 표시한 것은 신청인의 저작물에 대한 저작인격권을 침해한 결과로 된다."고 판시하였다.

2) 우리 법원은, '중민화의 길'이라는 제목으로 60분간 TV 강연을 하기로 약정하고 녹화하였으나 방송사가 20여 분을 임의대로 삭제 수정하여 40분간만 방송한 사건에서 동일성유지권 침해를 인정하였다. 서울고법 1994.9.24. 선고 92나35846 판결.

방법으로 공중에게 공개하는 것과 그렇게 공개된 것의 복제물을 재생하여 공중에게 공개할 권리이다. 영화관에서 영화를 상영하거나 극장에서 연극 혹은 무용을 하거나 강연 등이 공연에 해당한다. 또 음악CD나 비디오테이프 등을 재생하여 공개하는 것도 여기에 해당한다.

공중송신권은 저작물을 공중이 수신하거나 접근하게 할 목적으로 무선 또는 유선 통신의 방법에 따라 송신하거나 이용에 제공할 권리이다. 즉, 유·무선을 통하여 저작물을 송신할 권리이다. 여기에는 방송·전송·디지털음성송신 등이 포함된다. 방송은 공중이 동시에 수신하게 할 목적으로 무선 또는 유선 통신의 방법에 따라 음성·음향 또는 영상 등을 송신하는 것을 말한다. 지상파방송·유선방송·위성방송이 여기에 해당한다.

전시권은 공중이 직접 접근하여 보게 할 권리이다. 전시권은 미술·사진·건축 저작물의 작가에게만 인정된다. 박물관이나 미술관 혹은 화랑 등에서 그림 등을 전시하는 것 등이 여기에 해당한다.

배포권은 원작품이나 그 복제물을 대가를 받거나 받지 아니하고 공중에게 양도하거나 대여할 권리이다. 그러나 배포권은 원본 자체를 양도하거나 증여하는 것에는 적용되지 않는다. 원본 자체의 재배포에 대해서는 배포권이 적용되지 않는다는 권리소진이론 혹은 최초판매원칙(first sale doctrine)이 적용되기 때문이다.

2차적 저작물작성권은 원저작물을 번역·편곡·변형·각색·영상제작 그 밖의 방법으로 작성할 권리이다. 2차적 저작물은 원작품의 내용을 변경하지 않고 표현을 바꾸는 것을 말한다. 영어로 된 글을 한국어로 번역하거나, 입체적 작품을 평면적 작품으로 만들거나, 소설을 영화화하거나 장문을 단문으로 요약하거나 축약하는 것 등이 여기에 해당한다. 2차적 저작물을 이용할 때는 2차적 저작물작성권자뿐만 아니라 항상 원저작권자의 허락도 함께 받아야 한다.

4. 저작권은 어떤 성질을 가지는가?

저작재산권은 양도나 이전이 가능하지만, 저작인격권은 저작자 일신에 전속(專屬)하기 때문에 양도나 이전이 불가능하다. 따라서 저작재산권을 양도받아 저작물을 이용할 때도 저작물을 변경하여 이용하지 않도록 주의해야 하고, 성명을 표시해 주어야 한다.

5. 저작재산권자 불명인 저작물의 이용

누구든지 대통령령으로 정하는 기준에 해당하는 상당한 노력을 기울였어도 공표된 저작물의 저작재산권자나 그의 거소를 알 수 없어 그 저작물의 이용허락을 받을 수 없는 경우에는 대통령령으로 정하는 바에 따라 문화체육관광부장관의 승인을 얻은 후 문화체육관광부장관이 정하는 기준에 의한 보상금을 위원회에 지급하고 이를 이용할 수 있다.

6. 저작권과 저작물이 수록된 매체의 소유권

저작물에 대한 저작권과 그 저작물이 수록된 매체의 소유권은 다른 권리이다. 예를 들어 고흐의 그림에 대한 저작권과 그림을 가진 자의 그림 소유권, 책 저자의 저작권과 책을 구매한 사람의 책의 소유권이 달라진다.

(1) 최초 판매의 원칙(first sale doctrine)

저작자는 저작물의 원본이나 그 복제물을 배포할 권리를 가진다. 다만 저작물의 원본이나 그 복제물이 해당 저작재산권자의 허락을 받아 판매 등의 방법으로 거래에 제공된 경우에는 그러하지 아니하다(저작권법 제20조).

(2) 미술 저작물의 예외

미술저작물 등의 원본의 소유자나 그의 동의를 얻은 자는 그 저작물을 원본에 의하여 전시할 수 있다. 제1항의 규정에 따라 전시를 하는 자 또는 미술저작물 등의 원본을 판매하고자 하는 자는 그 저작물의 해설이나 소개를 목적으로 하는 목록 형태의 책자에 이를 복제하여 배포할 수 있다(저작권법 제35조).

7. 저작재산권의 소멸

보호 기간 만료 시 저작권은 소멸된다. 일반적으로 저작권은 저작자의 생존 기간과 그의 사망 후 70년간 보호된다. 그러나 예외적으로 실명이 아닌 이명으로 공표하거나 무명(無名)으로 공표한 저작물, 영상저작물 그리고 법인 등이 저작자인 업무상 저작물은 공표한 때로부터 70년간 보호된다. 저작인접물 중 실연은 실연한 때로부터, 음반은 음반을 발행한 때로부터 그리고 방송은 방송한 때로부터 70년간 보호된다.

보호 기간을 계산하는 방법은, 저작자의 사망을 기준으로 하는 저작물의 경우 저작자가 사망한 날짜의 익년(翌年) 1월 1일부터 계산하고, 공표 또는 발행을 기준으로 하는 저작물의 경우 공표 또는 발행한 날짜의 익년 1월 1일부터 계산한다. 예를 들어 어느 작품의 작가가 2000년 2월 8일에 사망하였더라도 해당 저작물의 보호 기간은 2001년 1월 1일부터 계산을 시작하며, 이때부터 70년간인 2070년 12월 31일까지 보호된다. 이 경우 2000년 2월 9일부터 2000년 12월 31일까지는 보호받을 수 있는 것이냐고 의문을 제기할 수 있으나, 보호 기간의 기산 시점은 보호 기간을 쉽게 계산하려는 방법에 불과할 뿐, 모든 저작물은 창작이 완료되는 순간부터 보호된다.

‖ 제3절 ‖ 저작인격권

1. 저작인격권의 속성

저작인격권은 저작자 일신에 전속한다(저작권법 제14조). 다른 사람에게 양도하거나 상속할 수 없으며, 저작자가 사망하거나 해산하면 소멸한다.

(1) 저작인격권과 인격권의 차이

저작인격권은 저작물이 보호 대상이 되는 것이며 인격권은 인격 그 자체가 보호되는 것이므로 서로 다른 차이가 있다.

(2) 공동저작물의 저작 인격권

공동저작물의 저작인격권은 저작자 전원의 합의에 의하지 아니하고는 이를 행사할 수 없다. 이 경우 각 저작자는 신의에 반하여 합의의 성립을 방해할 수 없다. 공동저작물의 저작자는 그들 중에서 저작인격권을 대표하여 행사할 수 있는 자를 정할 수 있다(저작권법 제15조).

(3) 저작인격권의 종류

저작인격권은 공표권, 성명표시권, 동일성 유지권으로 구성된다.

2. 공표권(the right of disclosure)

저작자는 그의 저작물을 공표하거나 공표하지 아니할 것을 결정할 권리를 가진다(저작권법 제11조). 토익 문제나 토플 문제를 저작자의 허락 없이 유출한 경우는 공표권 침해가 된다.

▌Ex ▌ 도라산역 벽화 사건

갑이 국가의 의뢰로 도라산역사 내 벽면 및 기둥들에 벽화를 제작·설치하였는데, 국가가 작품 설치일로부터 약 3년 만에 벽화를 철거하여 소각한 사안에서, 갑은 특별한 역사적, 시대적 의미가 있는 도라산역이라는 공공장소에 국가의 의뢰로 설치된 벽화가 상당 기간 전시되고 보존되리라고 기대하였고, 국가도 단기간에 이를 철거할 경우 갑이 예술창작자로서 갖는 명예감정 및 사회적 신용이나 명성 등이 침해될 것을 예상할 수 있었음에도, 국가가 벽화 설치 이전에 이미 알고 있었던 사유를 들어 적법한 절차를 거치지 아니한 채 철거를 결정하고 원형을 크게 손상하는 방법으로 철거 후 소각한 행위는 현저하게 합리성을 잃은 행위로서 객관적 정당성이 없어 위법하므로, 국가는 국가배상법 제2조 제1항에 따라 갑에게 위자료를 지급할 의무가 있다고 한 사례. [대법원 2015.8.27. 선고 2012다204587 판결(손해배상)]

대상판결에서 대법원이 저작권법상 동일성유지권의 침해를 근거로 한 손해배상청구권의 인정 여부와 별개로 저작자의 일반적 인격권 침해를 근거로 한 위자료 청구권의 경합을 인정한 점에서 의의가 있다. 저작자의 동일성유지권 침해가 인정되지 않는 경우라 하더라도 피고의 위법행위로 원고 저작자의 정신적 고통을 침해한 경우에는 민법상의 일반 불법행위에 해당하는 것으로 인정되어 저작자의 위자료 청구가 인정될 수 있다.[3]

3. 성명표시권(the right to claim authorship of the work)

저작자는 저작물의 원본이나 그 복제물에 또는 저작물의 공표매체에 그의 실명 또는 이명을 표시할 권리를 가진다. 저작물을 이용하는 자는 그 저작자의 특별한 의사표시가 없는 때에는 저작자가 그의 실명 또는 이명을 표시한 바에 따라 이를 표시하여야 한다. 다만 저작물의 성질이나 그 이용의 목적 및 형태 등에 비추어 부득이하다고 인정되는 경우에는 그러하지 아니하다(저작권법 제12조).

▌EX▐ 하늘색 꿈 사건

갑 주식회사가 운영하는 음악 사이트에서 을이 작곡한 음악저작물에 관하여 MP3 파일 다운로드, 미리듣기 등의 서비스를 제공하면서 작곡자의 성명을 표시하지 않고, 가사보기 서비스에서만 작곡자의 성명을 다른 사람으로 잘못 표시한 사안에서, 위 음악 사이트에서 MP3 파일 다운로드, 미리듣기 등의 서비스를 제공하면서 저작물에 관한 작곡자를 을로 표시하여 전체적

---

3) 차상육, "미술저작물의 저작인격권과 소유권의 충돌과 조화를 위한 해결방안: 도라산역 벽화사건(대법원 2015.8.27. 선고 2012다204587 판결)을 중심으로", 법학논고 55, 경북대학교 법학연구원, 2016.8, 247면.

으로 저작물의 작곡자가 을이라고 인식되는 등의 특별한 사정이 없는 한, 가사보기 서비스에서 을의 성명을 잘못 표시한 것이 을의 성명표시권을 침해한 것이다. [대법원 2012.1.12. 선고 2010다57497 판결(손해배상)]

4. 동일성 유지권(the right of integrity)

(1) 동일성 유지권의 내용

저작자는 그의 저작물의 내용·형식 및 제호의 동일성을 유지할 권리를 가진다(저작권법 제13조). 저작물이 저작자가 창작한 그 본래의 모습이 유지될 수 있도록 다른 사람이 함부로 저작물을 변경하지 못하도록 하는 권리이다. 동일성 유지권이란 저작자에게 귀속되는 것이고 저작물의 가치나 목적이 무엇이든지 간에 모든 저작물은 그 동일성이 유지되어야 하므로 저작자는 자신의 저작물에 대해 그 동일성을 유지할 절대적 권리를 가진다. 따라서 누군가가 저작물을 이용하면서 '내면적 형식'이나 '외면적 형식'을 변경함으로써 그 동일성을 상실하면 이 권리를 침해하게 된다.[4)]

❙ EX ❙ 역사 교과서 수정 사건

갑 등과 출판계약을 체결하여 그들이 작성한 원고 등으로 교과서를 제작한 을 주식회사가 교육과학기술부장관의 수정지시에 따라 교과서의 일부 내용을 수정하여 발행·배포한 사안에서, 출판계약의 성질과 내용, 갑 등 저작자들과 을 회사가 교과서 검정신청을 하면서 제출한 동의서의 내용과 제출 경위, 갑 등과 을 회사의 지위와 상호관계, 출판의 목적, 교과서의 성격 등 여러 사정에 비추어 갑 등은 출판계약 체결 및 동의서 제출 당시 을 회사에

4) 박성호, "동일성유지권에 관한 규정의 재검토", IT와 법 연구 8, 경북대학교 IT와 법 연구소, 2014.2, 14면.

교육과학기술부장관의 수정지시를 이행하는 범위 내에서 교과서를 변경하는 데 동의한 것으로 봄이 타당하고, 행정처분에 해당하는 위 수정지시를 당연 무효라고 보아야 할 사유가 없으므로, 이를 이행하기 위하여 을 회사가 위 교과서를 수정하여 발행·배포한 것은 교과서에 대한 갑 등의 동일성 유지권 침해에 해당하지 않는다고 한 사례. [대법원 2013.4.26. 선고 2010다79923 판결(저작인격권침해정지)]

▎Ex▎ 미리듣기 사건

그 저작물의 이용 관행에 비추어 일반 대중이나 당해 저작물의 수요자가 그 부분적 이용이 전체 저작물의 일부를 이용한 것임을 쉽게 알 수 있어 저작물 중 부분적으로 이용된 부분이 그 저작물의 전부인 것으로 오인되거나, 그 부분적 이용으로 그 저작물에 표현된 저작자의 사상·감정이 왜곡되거나 저작물의 내용이나 형식이 오인될 우려가 없는 경우에는, 그러한 부분적 이용은 그 저작물 전부를 이용하는 것과 이용하는 분량 면에서만 차이가 있을 뿐이어서 저작자의 동일성유지권을 침해한 것으로 볼 수 없다. [대법원 2015.4.9. 선고 2011다101148 판결(손해배상)]

(2) 동일성 유지권의 예외(저작권법 제13조)

다음 각 호의 어느 하나에 해당하는 변경에 대하여는 이의(異議)할 수 없다. 다만 본질적인 내용의 변경은 그러하지 아니하다.

1. 제25조의 규정에 따라 저작물을 이용하는 경우에 학교교육 목적을 위하여 부득이하다고 인정되는 범위 안에서의 표현의 변경

2. 건축물의 증축·개축 그 밖의 변형

3. 특정한 컴퓨터 외에는 이용할 수 없는 프로그램을 다른 컴퓨터에 이용할 수 있도록 하기 위하여 필요한 범위에서의 변경

4. 프로그램을 특정한 컴퓨터에 보다 효과적으로 이용할 수

있도록 하기 위하여 필요한 범위에서의 변경

5. 그 밖에 저작물의 성질이나 그 이용의 목적 및 형태 등에 비추어 부득이하다고 인정되는 범위 안에서의 변경.

(3) 동일성 유지권의 조화 필요성

디지털화된 사이버 세계에서 발생하는 저작인격권의 침해 양상은 이전과 비교하여 많은 점에서 다르다. 속도가 근본적으로 다르고, 그 범위나 질 · 양 등에 있어서 이전의 침해와는 비교되지 않는다. 문화수요자와 문화공급자의 구별이 애매해지고, 누구나 문화의 공급자가 될 수 있는 환경에서 저작인격권을 이유로 저작권 산업이나 저작물의 유통 등에 방해가 된다는 주장도 있다. 앞으로의 창작환경과 관련지어 주의 깊게 현상을 분석하여 이에 맞는 저작자의 이익과 문화의 활용이라는 공익적 성격이 서로 조화를 이루도록 하는 법리를 연구할 필요가 있다.[5]

‖ 제4절 ‖ 저작재산권

최근 미국 드라마를 인터넷으로 다운로드 받아 보는 사람이 많이 있다. 이러한 미국 드라마나 일본 드라마의 경우 자막을 한국어로 번역하여서 같이 공유하는 사례가 늘고 있다. 자막을 비영리로 배포하는 경우에 저작재산권의 침해가 될 수 있을까?

---

5) 계승균, "저작인격권의 특질에 관한 소고", 법학논총 28(1), 전남대학교 법학연구소, 2008.6, 508면.

1. 저작인격권과 저작재산권

저작자는 저작인격권과 저작재산권을 보유한다. 저작인격권은 다른 사람에게 양도할 수 없지만, 저작재산권은 양도할 수 있다. 예를 들어 가수 싸이가 강남스타일 노래의 저작권을 가진 경우 저작인격권은 양도 불가능하지만, 저작재산권은 양도할 수 있다. 저작인격권은 저작자가 사망하면 소멸하지만, 저작재산권은 소멸하지 않고 상속이 된다.

2. 저작재산권의 종류

저작재산권의 종류를 도시하면 다음과 같다.

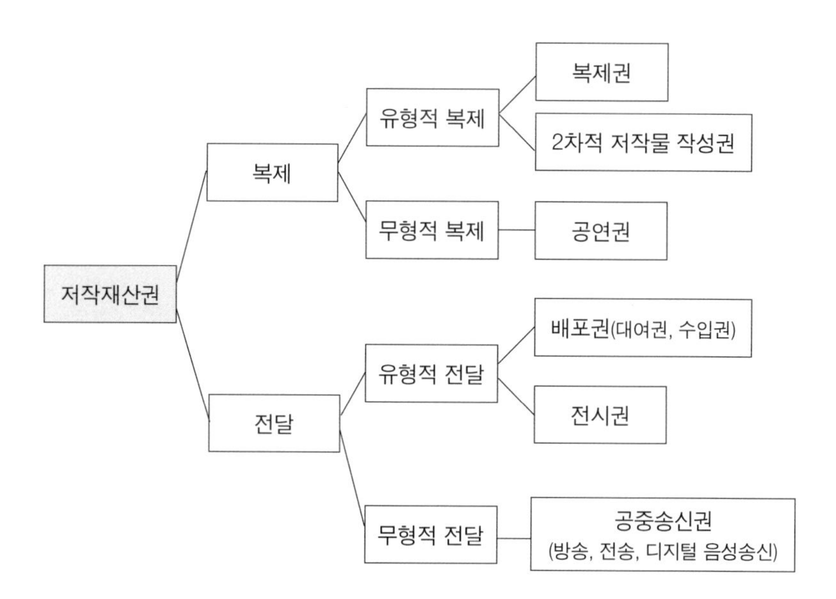

3. 복제권

"복제"는 인쇄 · 사진촬영 · 복사 · 녹음 · 녹화 그 밖의 방법으로 일시적 또는 영구적으로 유형물에 고정하거나 다시 제작하는 것을 말하며, 건축물의 경우에는 그 건축을 위한 모형 또는 설계도서에 따라 이를 시공하는 것을 포함한다. 다른 사람의 책을 복사하는 행위, 사진을 인터넷 사이트에서 퍼오는 행위, 영화 파일을 다운받는 행위 등이다. 대법원은 기존에 "링크는 인터넷에서 링크하고자 하는 웹페이지 등의 위치 정보나 경로를 나타낸 것에 불과하므로, 링크 행위는 저작권 침해행위의 실행 자체를 용이하게 하는 방조행위로 볼 수 없다"는 입장을 취해 왔다(대법원 2015.3.12. 선고 2012도13748 판결). 대법원은 기존 대법원 판례를 변경하여 링크 행위에 대하여 저작권침해 방조를 인정하는 전원합의체 판결을 선고하였다(대법원 2021.9.9. 선고 2017도19025 전원합의체 판결).

❙ Ex ❙ 공중송신권을 침해하는 게시물이나 그 게시물이 위치한 웹페이지 등에 연결되는 링크를 한 행위라도, 전송권(공중송신권) 침해행위의 구성요건인 '전송(공중송신)'에 해당하지 않기 때문에 전송권 침해가 성립하지 않는다. 이는 대법원의 확립된 판례이다. 저작권 침해물 링크 사이트에서 침해 게시물에 연결되는 링크를 제공하는 경우 등과 같이, 링크 행위자가 정범이 공중송신권을 침해한다는 사실을 충분히 인식하면서 그러한 침해 게시물 등에 연결되는 링크를 인터넷 사이트에 영리적 · 계속적으로 게시하는 등으로 공중의 구성원이 개별적으로 선택한 시간과 장소에서 침해 게시물에 쉽게 접근할 수 있도록 하는 정도의 링크 행위를 한 경우에는 침해 게시물을 공중의 이용에 제공하는 정범의 범죄를 용이하게 하므로 공중송신권 침해의 방조범이 성립한다. [대법원 2021.9.9. 선고 2017도19025 전원합

의체 판결 (저작권법위반방조)]

4. 공연권

"공연"은 저작물 또는 실연·음반·방송을 상연·연주·가창·구연·낭독·상영·재생 그 밖의 방법으로 공중에게 공개하는 것을 말하며, 동일인의 점유에 속하는 연결된 장소 안에서 이루어지는 송신(전송을 제외한다)을 포함한다.

▌Ex▐ 복제, 전송 중단 요구자의 주의의무 범위—손담비 '미쳤어' 어린이 동영상 사건

인터넷 포털 사이트에 블로그를 운영 중인 원고는 다섯 살 된 자신의 딸이 의자에 앉아 유명 가수의 노래의 후렴부를 부르면서 춤을 추는 모습을 촬영한 53초 분량의 동영상을 자신의 블로그에 게시하였다. 법원은 원고가 자신의 딸이 이 사건 저작물의 악곡과 가사 일부를 가창하는 것을 녹화하여 이 사건 동영상을 제작한 뒤 해당 노래의 가사 후렴구와 함께 게시한 것은 저작권법상 복제 및 전송에 해당하지만, 일반적으로 대중가요에서 행해지는 방식의 출처표시를 한 점 등에 비추어 저작권법 제28조의 인용에 해당하는 것으로 판단하였다. [서울고등법원 2010.10.13. 판결 2010나35260【손해배상(기)】]

위 저작권 침해사건에서 서울고등법원은 저작권침해가 아니라는 판결을 내렸다(이하 '미쳤어 동영상 판결'). 이 사건에서는 다섯 살 어린이가 가수 손담비의 가요인 '미쳤어'를 율동과 함께 부르는 동영상을 부모가 블로그에 게재한 것이 복제권과 전송권의 침해인지의 여부가 쟁점이었다. 법원은 위 동영상이 함께 게재된 몇 줄의

소감에 인용된 것이므로 저작재산권의 효력제한사유에 해당하여 저작권의 침해가 아니라는 결론을 내렸다.[6]

5. 공중송신권

"공중"은 불특정 여러 사람(특정 여러 사람을 포함한다)을 말한다. "방송"은 공중송신 중 공중이 동시에 수신하게 할 목적으로 음·영상 또는 음과 영상 등을 송신하는 것을 말한다. "전송(傳送)"은 공중송신 중 공중의 구성원이 개별적으로 선택한 시간과 장소에서 접근할 수 있도록 저작물 등을 이용에 제공하는 것을 말하며, 그에 따라 이루어지는 송신을 포함한다. "디지털음성송신"은 공중송신 중 공중으로 하여금 동시에 수신하게 할 목적으로 공중 구성원의 요청으로 개시되는 디지털 방식 음의 송신을 말하며, 전송을 제외한다. "공중송신"은 저작물, 실연·음반·방송 또는 데이터베이스(이하 "저작물 등"이라 한다)를 공중이 수신하거나 접근하게 할 목적으로 무선 또는 유선통신의 방법에 의하여 송신하거나 이용에 제공하는 것을 말한다.

공중송신은 방송, 전송, 디지털 음성송신을 모두 포함한다. 인터넷을 이용하여 파일을 보내는 것도 공중송신권 침해가 될 수 있다.

▌Ex▐ 건축학 개론 사건

400만 관객을 돌파한 영화 '건축학 개론' 영상 파일을 불법 유출해 무단 배포한 사람들이 무더기로 재판에 넘겨졌다. 2012년 저작권법 위반 혐의로

6) 박준우, "퍼블릭도메인의 확보를 위한 복제권의 해석: 서울고법 2010.10. 13 선고, 2010나35260 판결과 관련하여", IT와 법 연구 5, 경북대학교 IT와 법 연구소, 2011.2, 87면.

한 문화복지사업체 시스템 솔루션 팀 과장 윤모(36) 씨 등 12명을 불구속 기소했다. 군부대에서 상영하기 위해 ㈜롯데엔터테인먼트로부터 영화 '건축학 개론'을 받아 회사 시스템 서버에 보관하다 영화 개봉 한 달여 뒤 파일을 동영상 파일로 변환해 평소 알고 지내던 김모 씨에게 이메일로 전달한 혐의를 받고 있다.

6. 전시권

저작자는 미술저작물 등의 원본이나 그 복제물을 전시할 권리를 가진다.

▌EX▐ 도서 표지 사건

피고인이 갑과 공동 번역 · 출판한 "칼빈주의 예정론" 번역본을 갑의 허락 없이 단독 번역으로 표시하여 한국상담선교연구원 인터넷 홈페이지에 링크된 도서출판 베다니 사이트에 전시하여 갑의 저작재산권을 침해함과 동시에 저작자 아닌 자를 저작자로 표시하여 저작물을 공표하였다는 저작권법 위반의 공소사실에 대하여, 위 번역본은 '어문저작물'에 해당하는 것이어서 전시의 방법으로는 그 저작재산권이 침해되지 아니하며, 또한 위 번역본 자체가 아니라 그 도서의 표지 사진을 저자 · 역자 · 출판연도 · 면수 · 가격 등의 표시 및 간략한 소개문과 함께 게시하였을 뿐이어서 저작자 아닌 자를 저작자로 표시하여 저작물을 공표한 행위에 해당한다고도 할 수 없음에도, 이와 달리 판단하여 위 공소사실을 모두 유죄로 인정한 원심판결에 법리오해의 위법이 있다고 한 사례. [대법원 2010.9.9. 선고 2010도4468 판결(저작권법위반)]

7. 배포권

"배포"는 저작물 등의 원본 또는 그 복제물을 공중에게 대가를 받거나 받지 아니하고 양도 또는 대여하는 것을 말한다. 저작자는 저작물의 원본이나 그 복제물을 배포할 권리를 가진다. 다만 저작권 소진의 원칙이 있어서 저작물의 원본이나 그 복제물이 해당 저작재산권자의 허락을 받아 판매 등의 방법으로 거래에 제공된 경우에는 그러하지 아니하다. 즉 정당한 대가를 지급하고 산 책은 중고로 다른 사람에게 되팔 수 있다.

8. 대여권

저작자는 판매용 음반이나 판매용 프로그램을 영리를 목적으로 대여할 권리를 가진다. 음반이나 프로그램의 상업적 대여는 저작권자의 수입을 감소시킬 수 있으므로 저작권자가 음반 등을 상업적으로 대여할 수 있도록 허락하거나 금지할 수 있는 권리이다.

9. 2차적 저작물 작성권

저작자는 그의 저작물을 원저작물로 하는 2차적 저작물을 작성하여 이용할 권리를 가진다. 원저작물을 번역·편곡·변형·각색·영상제작 그 밖의 방법으로 작성한 창작물(이하 "2차적 저작물"이라 한다)은 독자적인 저작물로서 보호된다.

▌Ex▐ 영문 번역 사건

피고인 갑 주식회사의 대표이사인 피고인 을이, 영문 저작물인 원저작물의 내용을 요약한 영문요약물을 병 외국법인에게서 받아 한국어로 번역한 요약물을 인터넷을 통해 유료로 제공하는 방법으로 원저작물 저작권자의 2차적 저작물작성권을 침해하였다고 하여 저작권법 위반으로 기소된 사안에서, 피고인들에게 유죄를 선고한 원심판단을 정당하다고 한 사례. [대법원 2013.8.22. 선고 2011도3599 판결(저작권법위반)]

이처럼 영어로 된 미국 드라마의 극본을 저작자의 허락 없이 한국어로 번역하여 배포하는 경우에는 원저작자의 2차적 저작물 작성권을 침해하여 저작권 침해가 될 수 있다. 다만 단순한 번역에 그치지 않고 새로운 창작물이 된다면 저작권 침해가 되기 어려울 가능성도 있기는 하다.

▌EX▐ 다른 사람의 저작물을 허락 없이 복제하게 되면 복제권의 침해가 되는 것이고 이 경우 저작물을 원형 그대로 복제하지 아니하고 다소의 수정・증감이나 변경이 가하여진 것이라고 하더라도 새로운 창작성을 더하지 아니한 정도이면 복제로 보아야 할 것이며, 한편 저작권법 제5조 제1항 소정의 2차적 저작물로 보호받기 위하여는 원저작물을 기초로 하되 원저작물과 실질적 유사성을 유지하고 이것에 사회 통념상 새로운 저작물이 될 수 있을 정도의 수정・증감을 가하여 새로운 창작성을 부가하여야 하므로, 어떤 저작물이 기존의 저작물을 다소 이용하였더라도 기존의 저작물과 실질적인 유사성이 없는 별개의 독립적인 신저작물이 되었다면, 이는 창작으로서 기존의 저작물의 저작권을 침해한 것이 되지 아니한다. [대법원 2014.6.12. 선고 2014다14375 판결(손해배상(지))]

‖ 제5절 ‖ 저작재산권의 변동과 저작물의 이용

Ⅰ. 저작재산권의 양도

1. 저작재산권의 양도와 이용허락

(1) 저작재산권의 양도

저작권은 그 전부를 양도할 수 있고, 일부를 분리하여 양도할 수 있다. 예를 들어 악보집으로 출판할 권리만을 양도할 수 있고, 음반으로 낼 권리 등으로 분리할 수 있다. 다만 2차적 저작물 작성권은 특별계약이 없는 한 원저작자에게 남아 있다고 하여 원저작자를 보호하려고 하고 있다. 장래에 발생할 저작재산권도 양도할 수 있다.

(2) 저작재산권의 이용허락

저작재산권자는 다른 사람에게 그 저작물의 이용을 허락할 수 있다. 허락을 받은 자는 허락받은 이용 방법 및 조건의 범위 안에서 그 저작물을 이용할 수 있다. 허락으로 저작물을 이용할 수 있는 권리는 저작재산권자의 동의 없이 제3자에게 이를 양도할 수 없다.

(3) 이용허락의 종류

단순 이용허락이란 저작재산권자가 복수의 사람들에 대하여 중첩적으로 이용을 허락해 줄 수 있는 경우로서 이에 의하여 이용허락을 받은 자는 그 저작물을 이용할 수는 있으나, 이를 독점적 · 배타적으로 이용할 수 있는 권한은 없다.

독점적 이용허락은 저작재산권자와 이용자 사이에 일정한 범위에서 저작물을 독점적으로 이용하도록 계약을 체결한 경우이다. '이용 방법 및 조건'이란 예컨대 저작물의 출판 부수, 계약기간, 방송시간, 공연장소 등과 같이 저작재산권자와 이용자가 저작물 이용 형태에 대하여 세부적으로 정하는 사항을 말한다.

(4) 저작재산권의 양도와 이용허락의 구별

저작권 계약이 저작재산권 양도계약인지 또는 저작권 이용허락 계약인지를 구별하는 것은 권리관계 당사자들의 권리를 분명히 하고 정당한 권리자의 권리를 보호하며 공정한 저작권 계약 환경을 조성하기 위해 필요하다. 저작권 계약 당시에는 고려되지 못한 상황이 다음에 발생하거나 추후의 불가피한 상황을 고려하여, 저작권 계약을 체결한 이후에 저작권자가 계약의 변경을 요구할 수 있는 규정을 도입하여 계약의 성격을 명확히 하고 보완할 가능성을 열어두는 것이 필요할 것으로 보인다.[7)]

▌Ex ▌ 저작재산권의 이용허락 사례

작사자, 작곡자 및 실연자와 음반제작사 사이의 음반제작계약을 비배타적 저작권 이용허락계약으로 해석하고, 음반제작계약 시에는 상용화되지 않은 새로운 매체인 시디(CD) 음반으로 제작 · 판매한 것이 이용허락 범위 내에 포함된다고 본 사례. [대법원 1996.7.30. 선고 95다29130 판결(손해배상(기))]

7) 노현숙, 구천을, "저작재산권 양도와 저작물 이용허락의 비교 고찰", 강원법학 48, 강원대학교 비교법학연구소, 2016.6, 268면.

❙ Ex ❙ 저작물 이용허락계약의 해석

저작권 침해사건에서 저작권자로부터 당해 저작물의 이용에 관한 허락을 받았다는 등 적법한 저작물 이용권원을 취득하였다는 점은 이를 주장하는 자가 입증해야 한다. 한편 음반제작자와 저작재산권자 사이에 체결된 이용허락계약을 해석함에 있어서 그 이용허락의 범위가 명백하지 아니한 경우에는 당사자가 그 이용허락계약을 체결하게 된 동기와 경위, 그 이용허락계약으로 달성하려는 목적, 거래 관행, 당사자의 지식, 경험 및 경제적 지위, 수수된 급부가 균형을 유지하고 있는지, 이용허락 당시 당해 음악저작물의 이용방법이 예견 가능하였는지 및 그러한 이용방법을 알았더라면 당사자가 다른 내용의 약정을 하였을 것이라고 예상되는지 여부, 당해 음악저작물의 이용방법이 기존 시장을 대체하는 것인지 아니면 새로운 시장을 창출하는 것인지 아닌지 등 여러 사정을 종합하여 그 이용허락의 범위를 사회 일반의 상식과 거래의 통념에 따라 합리적으로 해석하여야 한다. [대법원 2008.4. 24. 선고 2006다55593 판결(손해배상(지))]

II. 저작재산권의 기증

1. 저작권의 기증

저작재산권자 등은 자신의 권리를 문화체육관광부장관에게 기증할 수 있다. 문화체육관광부장관은 저작재산권자 등으로부터 기증된 저작물 등의 권리를 공정하게 관리할 수 있는 단체를 지정할 수 있다.

저작권 기증이란 자신이 창작한 저작물을 다른 이들이 저작권료 없이 이용할 수 있도록 국가에 저작권을 기증하는 것으로, 기증된 저작물은 누구나 자유롭게 이용할 수 있다. 저작권법은 문화체육관광부장관이 저작권을 기증받아 이를 공정하게 관리할 수 있는 단체를 지정할 수 있도록 정하고 있다. ~~(삭제)~~

▌EX▐ 애국가의 작곡가인 안익태 씨는 1965년 작고하였고, 그 저작권은 유족들에게 상속되어 관리되고 있다. 2005년 안익태 씨의 유족들은 애국가의 저작권을 국가에 기증하였다.

2. 저작재산권의 소멸

저작재산권이 다음 각 호의 어느 하나에 해당하는 경우에는 소멸한다: 1. 저작재산권자가 상속인 없이 사망한 경우에 그 권리가 「민법」 그 밖의 법률의 규정에 따라 국가에 귀속되는 경우 2. 저작재산권자인 법인 또는 단체가 해산되어 그 권리가 「민법」 그 밖의 법률의 규정에 따라 국가에 귀속되는 경우.

CHAPTER 4

저작재산권의 제한

‖ 제1절 ‖ 총 설

Ⅰ. 저작재산권의 제한

1. 저작재산권의 제한 이유

가수 싸이의 강남스타일의 뮤직 비디오를 인터넷에서 수많은 사람이 이를 패러디하여 유튜브 영상을 제작하였다. 이 경우 패러디를 하는 것은 저작권법상 허용되는지와 음악을 그대로 이용한 경우에도 허용되는지를 검토한다. 저작권법은 저작자만을 위한 법이 아니고 저작자를 보호함으로써 저작자에게 인센티브를 주고 사회는 저작물을 공정하게 널리 이용하여 문화가 발전하는 상생의 원리를 가지고 있다. 저작권법은 제1조의 목적에서 이 법은 저작자의 권리와 이에 인접하는 권리를 보호하고 저작물의 공정한 이용을 도모함으로써 문화 및 관련 산업의 향상발전에 이바지함을 목적으로 한다고 정의한다.

2. 저작재산권의 자유이용 필요성

모든 상황에서 저작자를 찾아 그의 허락을 받아야 하고 만약 허락을 받지 못하면 저작물의 원활한 이용을 저해한다. 원칙적으로 저작자의 권익을 보호하되 공공성과 사회성을 위하여 이용자들의 자유이용을 보장하는 규정을 둘 필요성이 있다. 우리 저작권법은 법률조항에서 개별적인 사항에 관한 내용을 규정하면서 동시에 저작물의 공정한 이용 규정을 마련하고 있다. 저작권법은 저작자의 권리를 보호하면서도 공익 목적을 위하여 저작자의 재산적 권리를 제한하고 있는데, 이를 저작재산권의 제한이라고 한다. 이러한 제한 범위 내에서 저작물을 이용하는 것은 저작권 침해가 되지 않는다.

Ⅱ. 저작재산권 제한규정의 개별 규정

1. 재판절차 등에서의 복제

재판절차를 위하여 필요한 경우이거나 입법 · 행정의 목적을 위한 내부자료로서 필요한 경우에는 그 한도 안에서 저작물을 복제할 수 있다. 다만 그 저작물의 종류와 복제의 부수 및 형태 등에 비추어 당해 저작재산권자의 이익을 부당하게 침해하는 경우에는 그러하지 아니하다.

공정한 재판이 가능하도록 판사 · 검사뿐만 아니라 피고, 변호인 등 재판절차에 관여하는 사람 모두 해당한다. 국회나 지방자치단체, 행정부에서 소관 사무를 위하여 필요한 경우에 저작물을 복제하여 이용할 수 있다.

2. 정치적 연설 등의 이용

공개적으로 행한 정치적 연설 및 법정 · 국회 또는 지방의회에서 공개적으로 행한 진술은 어떠한 방법으로도 이용할 수 있다. 다만, 동일한 저작자의 연설이나 진술을 편집하여 이용하는 경우에는 그러하지 아니하다. 정치적인 의견 개진과 자유로운 토론을 보장하는 것은 민주주의의와 국민의 알 권리와도 밀접하게 관련되어 있으므로 이러한 요건을 충족하는 경우에는 어떠한 방법으로도 이용할 수 있다. 방송, 녹음, 녹화, 인쇄출판 등의 방법으로 이용하는 것이 모두 허용된다. 다만 단서에서 "동일한 저작자의 연설이나 진술을 편집하여 이용하는 경우에는 그러하지 아니하다."라고 규정하고 있으므로 특정한 인물의 연설들만을 모아 '○○ 연설집'으로 출판하는 등의 행위는 허용되지 않을 것이다. 예를 들어 오바마 연설집으로 출판하는 행위는 저작권법상 허용되지 않는다.

3. 공공저작물의 자유 이용

국가 또는 지방자치단체가 업무상 작성하여 공표한 저작물이나 계약에 따라 저작재산권 전부를 보유한 저작물은 허락 없이 이용할 수 있다. 다만 저작물이 다음 각 호의 어느 하나에 해당하는 경우에는 그러하지 아니하다: 1. 국가안전보장에 관련되는 정보를 포함하는 경우 2. 개인의 사생활 또는 사업상 비밀에 해당하는 경우 3. 다른 법률에 따라 공개가 제한되는 정보를 포함하는 경우 4. 제112조에 따른 한국저작권위원회에 등록된 저작물로서 「국유재산법」에 따른 국유재산 또는 「공유재산 및 물품 관리법」에 따른 공유재산으로 관리되는 경우

저작권법은 법률이나 고시 판결과 같은 저작물은 처음부터 저작물 보호를 하지 않고, 국가 또는 지방자치단체가 작성한 저작물의 이용을 활성화하려는 조치를 마련하고 있다. 공공 누리 제도를 마련하고 있다. 공공누리(Korea Open Government License)는 문화체육관광부가 공공저작물의 이용을 활성화하고자 개발한 한국형 공

공저작물 자유이용허락 라이선스이다

공공누리 유형	공공누리 마크	이용허락범위
[제1유형: 출처 표시]	OPEN 출처표시 공공누리 공공저작물 자유이용허락	∨출처 표시 ∨상업적, 비상업적 이용 가능 ∨변형 등 2차적 저작물 작성 가능
[제2유형: 출처표시 + 상업적 이용 금지]	OPEN 출처표시 상업용금지 공공누리 공공저작물 자유이용허락	∨출처 표시 ∨비상업적 이용만 가능 ∨변형 등 2차적 저작물 작성 가능
[제3유형: 출처 표시 + 변경 금지]	OPEN 출처표시 변경금지 공공누리 공공저작물 자유이용허락	∨출처 표시 ∨상업적, 비상업적 이용 가능 ∨변형 등 2차적 저작물 작성 금지
[제4유형: 출처 표시 + 상업적 이용 금지 + 변경 금지]	OPEN 출처표시 상업용금지 변경금지 공공누리 공공저작물 자유이용허락	∨출처 표시 ∨비상업적 이용만 가능 ∨변형 등 2차적 저작물 작성 금지

4. 학교교육목적 이용

고등학교 및 이에 준하는 학교 이하의 학교의 교육 목적상 필요한 교과용도서에는 공표된 저작물을 게재할 수 있다. 특별법에 따라 설립되었거나 「유아교육법」, 「초 · 중등교육법」 또는 「고등교육법」에 따른 학교, 국가나 지방자치단체가 운영하는 교육기관 및 이들 교육기관의 수업을 지원하기 위하여 국가나 지방자치단체에 소속된 교육지원기관은 그 수업 또는 지원 목적상 필요하다고 인정되는 경우에는 공표된 저작물의 일부분을 복제 · 배포 · 공연 · 전시 또는 공중송신할 수 있다. 다만 저작물의 성질이나 그 이용의 목적 및 형태 등에 비추어 저작물 전부를 이용하는 것이 부득이한 경우에는 전부를 이용할 수 있다.

대학교 이상의 기관은 해당되지 않으며, 교육기관에서의 수업목적 복제, 공연, 방송 및 전송을 할 수 있다. 다만 저작권자의 정당한 이익이 부당하게 저해되지 않도록 저작물의 교육목적 사용에 대하여 일정한 보상금을 내도록 하고 있다.

▌Ex▐ 국어 교과서 사건

문교부가 국어교과서에 실은 산문의 지은이를 가공의 이름으로 표시한 이유가 교육정책상의 목적에 있었다 하더라도 이러한 사정만으로는 저작자에게 전속되는 창작자임을 주장할 수 있는 귀속권을 침해하는 정당한 사유가 되지 아니한다. [대법원 1989.10.24. 선고 88다카29269 판결(손해배상(기))]

저작권법 제25조는 저작물에 대한 학교교육 목적 등에의 이용과 관련하여, 저작물을 이용하고자 하는 경우, 문화체육관광부장관이 정하여 고시하는 기준에 의한 보상금을 지급하도록 하고 있다. 보상금권리자를 찾을 수 없는 경우에는, 문화체육관광부장관이 지정하는 단체가 보상금을 받도록 하고, 보상금 분배 공고를 한 날부터 5년이 경과한 미분배 보상금에 대하여 문화체육관광부장관의 승인을 얻어 공익목적을 위하여 사용할 수 있으며, 저작권법 제25조 10항에서는, "공익목적"에 해당되는 사항을 보다 구체적으로 열거하고 있다.

5. 시사보도를 위한 이용

방송 · 신문 그 밖의 방법에 따라 시사보도를 하는 경우에 그

과정에서 보이거나 들리는 저작물은 보도를 위한 정당한 범위 안에서 복제·배포·공연 또는 공중송신할 수 있다. 시사보도를 위하여 불가피하게 저작물이 보이거나 들리는 경우에 저작권자의 허락 없이도 사실을 전달할 수 있도록 한다.

❙ Ex ❙ 건설업체 광고 중에 나오게 된 호텔의 저작물에 대해서는 저작권 침해 인정

모 건설사가 호텔 라운지에 전시된 자신의 작품을 배경으로 아파트 광고를 만들어 내보내자 소송을 제기하였다. 재판부는 저작권법에서는 개방된 옥외 장소에 항상 전시된 미술품은 복제해도 된다고 하고 있지만, 호텔 안 미술품은 누구나 보기 쉬운 옥외 장소의 전시물이 아니므로 자유롭게 복제할 수 없고, 건설사와 광고회사가 박 씨의 작품을 단순히 벽면 장식이라고 단정하고 허락 없이 동영상 광고를 제작해 방송한 잘못을 인정하였다.[1)]

❙ Ex ❙ 소니-컬럼비아 영화사가 제작한 스파이더맨 영화의 삼성 광고 삭제 사건

뉴욕 타임스퀘어 광장에 설치된 삼성 및 NBC의 옥외광고판을 영화사 컬럼비아 픽처스가 영화 '스파이더맨'에서 USA투데이 및 싱귤러 와이어리스 광고로 무단으로 바꿨다는 이 지역 건물주들의 소송이 결국 패소했다. 소니와

---

1) 서울중앙지법 2007.5.7. 선고 2006가합104292 판결. 원고의 작품에는 비록 그 저작자나 작품 제목이 표시되어 있지 않았지만, 그 표현기법, 예술성, 조형미 등에 의하여 외관상 일반인테리어 장식이 아닌 미술저작물임을 쉽게 알 수 있었으며, 광고주와 광고대행사인 피고들은 동영상 광고를 제작함에 있어서는 광고내용이 다른 사람의 저작권을 침해하는 일이 없도록 해야 할 주의의무가 있음에도, 이를 그대로 동영상 광고의 배경으로 사용함으로써 원고의 저작권을 침해하는지를 고려하지 않고 막연히 원고의 미술저작물을 단순히 벽면에 설치된 인테리어 광고라고 단정하고 이를 배경으로 하여 동영상 광고를 제작하여 방송이나 전송하였으므로 피고들에게는 위와 같은 주의의무를 다하지 않은 과실이 있다고 판시하였다.

스파이더맨 제작 관계사들을 상대로 '디지털 기술 이용 옥외광고 무단변형 소송'을 제기하였다. 이들은 소장에서 "온라인에서나 오프라인에서 타임스퀘어 광장의 형상에 대해 배타적인 권리를 갖고 있다"며 "이 권리가 침해된다면 타임스퀘어 광장의 가치도 떨어질 것"이라고 주장하였다. 재판부는 오프라인 광고를 온라인에서 디지털 기술을 이용해 변형할 수 있다고 판결했다.[2)]

6. 시사적인 기사 및 논설의 복제 등

정치 · 경제 · 사회 · 문화 · 종교에 관하여 「신문 등의 진흥에 관한 법률」 제2조의 규정에 따른 신문 및 인터넷신문 또는 「뉴스통신진흥에 관한 법률」 제2조의 규정에 따른 뉴스통신에 게재된 시사적인 기사나 논설은 다른 언론기관이 복제 · 배포 또는 방송할 수 있다. 다만 이용을 금지하는 표시가 있는 경우에는 그러하지 아니하다. 또한 자기가 인터뷰한 기사라도 저작권이 신문사에 있는 경우 이를 무단으로 사용하면 안 된다.

▌Ex ▌ '모기와의 전쟁' 사건

이 사건에서 원고 MBC는 '모기와의 전쟁'이라는 제목의 뉴스 동영상을 제작하여 방송하였고, 피고는 해충 퇴치기 판매업 등을 목적으로 설립된 회사로서 그 홍보를 위하여 '모기 퇴치 코리아'라는 인터넷 홈페이지를 개설하여 운영하면서 위 동영상을 홈페이지에 게시하였다. 법원은 이에 대하여 위 뉴스 동영상은 단순한 사실의 전달에 불과한 시사 보도에 불과한 것이 아니라, 고유한 표현으로 재구성하고 전문적인 기술로써 연속적인 영상으로 촬

2) Sherwood 48 Associates v. Sony Corp. of America, 213 F. Supp. 2d 376 (S.D.N.Y. 2002).

영하고 편집한 영상저작물에 해당한다고 보았고, 따라서 피고의 이러한 행위는 영상저작물 저작권 침해에 해당한다고 판시하였다. (서울고등법원 2012.6.13. 선고 2011나52200 판결)

7. 공표된 저작물의 인용

인용이란 비평 · 설명 · 예증 등을 위하여 다른 사람의 공표된 저작물 전체나 일부를 이용하는 것을 말하며, 이러한 인용은 저작권 침해가 되지 않는다(법 제28조). 다만 인용은 정당한 범위 안에서 공정한 관행에 합치되게 이루어져야 한다.

'정당한 범위'란 "인용되는 저작물이 보족, 부연, 예증, 참고자료 등으로 이용되어 인용하는 저작물에 대하여 부종적(附從的) 관계를 유지해야 한다는 것을 말한다. 즉, 인용하는 저작물이 주(主)이고, 인용되는 저작물이 종(從)인 관계를 유지하고 인용되는 저작물이 지나치게 많이 이용되어 인용되는 저작물의 시장 수요를 대체할 정도가 되어서는 안 된다."[3]는 뜻이다.

"공정한 관행에 합치되어야 한다"는 것은 "타인의 저작물을 인용할 때 반드시 출처를 명시해야 한다는 것"을 말한다. 즉, 인용되는 저작물의 부분이 인용하는 창작적인 부분과 구분되어야 한다는 뜻이다. 예컨대 학술서를 집필하면서 글을 보충적으로 설명하거나 예증하기 위하여 다른 사람의 저작물을 이용하면서 저작자의 성명, 저작물의 제목, 공표 또는 발행연도 등의 출처를 표시하는 것은 적법한 인용에 해당한다.

우리 저작권법 제28조는 보도 · 비평 · 교육 · 연구 등을 위해

3) 대법원 1990.10.23. 선고, 90다카8845 판결.

서는 공표된 저작물을 정당한 범위 안에서 공정한 관행에 합치되게 인용할 수 있도록 규정한다. 인용규정의 대표적인 예는 논문 등을 저술하면서 타인의 저작물 일부를 이용하고 각주로 그 출처를 밝히는 경우이다.

▌Ex▐ 썸네일 이미지의 저작권 침해 부인

인터넷 검색사이트에서 원저작자의 허락을 받지 아니하고 그의 사진작품을 이미지검색의 이미지로 사용한 경우, 저작권법상 정당한 범위 안에서 공정한 관행에 합치되게 사용한 것이라고 본 원심의 판단을 수긍한 사례. [대법원 2006.2.9. 선고 2005도7793 판결(저작권법위반)]

▌Ex▐ 2002년 한·일 월드컵 당시 널리 사용된 "Be The Reds!"라는 응원문구를 도안화한 이미지가 그려진 티셔츠 등을 착용한 모델을 촬영한 사진을 그 홈페이지에 게시한 사례

공표된 저작물은 보도·비평·교육·연구 등을 위하여는 정당한 범위 안에서 공정한 관행에 합치되게 이를 인용할 수 있다고 규정하고 있는데, 정당한 범위 안에서 공정한 관행에 합치되게 인용한 것인가의 여부는 인용의 목적, 저작물의 성질, 인용된 내용과 분량, 피인용저작물을 수록한 방법과 형태, 독자의 일반적 관념, 원저작물에 대한 수요를 대체하는지 여부 등을 종합적으로 고려하여 판단하여야 하고, 이 경우 반드시 비영리적인 이용이어야만 하는 것은 아니지만, 영리적인 목적을 위한 이용은 비영리적인 목적을 위한 이용의 경우에 비하여 자유이용이 허용되는 범위가 상당히 좁아진다. [대법원 2014.8.26. 선고 2012도10786 판결(저작권법위반)]

우리 판례는 대체로 문제가 된 사건마다 종합적으로 검토하여 저작권 위반 여부를 판단하고 있다. 따라서 인용에 관한 절대적 기준이 없으며 상반되는 이익을 비교 형량하여 판단한다. “러브레터” 사건에서의 110여 분 중 30초의 분량, “무궁화 꽃이 피었습니다.” 사건에서의 854면 중 약 10면 정도의 인용은 적법한 인용으로 판단한 바 있다. 그러나 누드사진 게재 사건에서의 3분의 1 정도, 소설마당 사건에서의 7권 중 6권, 이랜드 사람 사건에서의 3분의 1 정도는 적법한 인용이 아니라고 판단하였다. 양적 기준이 절대적인 것이 아니며 질적 판단이 중요하다. “김우중 신화는 없다.” 사건의 302면 중 33면을 인용한 것이 적법한 인용이라 하였고, SBS 방송 사건에서의 3분, 한국어 능력 시험용 문제집 사건에서의 1,169쪽 중 66쪽을 저작권 침해로 판단하였다.

8. 비영리 목적을 위한 공표된 저작물의 공연 및 방송

(1) 비영리 목적을 위한 공표된 저작물의 공연 및 방송

공표된 저작물은 영리를 목적으로 하지 아니하고 청중이나 관중 또는 제3자로부터 어떤 명목으로든지 반대급부를 받지 아니하는 한 저작권자의 허락 없이 공연하거나 방송할 수 있다(법 제29조 제1항). 다만 가수나 연주자 등 실연자에게 보수를 지급하지 않는 경우에 한한다. 따라서 비영리 목적을 위한 교육 활동의 목적으로 연극을 하거나 노래를 부르는 것 등이 가능하다.

원칙적으로 공연함에 있어서는 저작권자의 허락이 필요하다. 우리 저작권법은 영리를 목적으로 하지 않는 공연 및 방송에 대해서는 저작재산권을 제한한다. 규정의 적용을 받기 위해서는 공연이 영리를 목적으로 하지 말아야 하며, 청중이나 관중 또는 제3자로부터 어떤 명목으로든지 반대급부를 받지 말아야 하고, 실연자에게 통상의 보수를 지급해서도 안 된다. 단순히 영리를 목적으로 하지 않는 것만으로는 부족하고 청중이나 관중 또는 제3자로부터 어떤 명목으로든지 반대급부를 받지 않을 것이 요구된다. 공연의 경우 직접적인 입장료, 기업으로부터 후원을 받거나 상품 홍보 등의 목적이 있다면 저작권자의 허락이 필요하다. 목적이 불우이웃 돕기에 있다 하더라도 청중에게 돈을 받는다면 반대급부에 해당될 수 있다.

(2) 판매용 음반 및 판매용 영상저작물의 공연

우리 저작권법은 청중이나 관중으로부터 당해 공연에 대한 반대급부를 받지 아니하는 경우에는 상업용 음반 또는 상업적 목적으로 공표된 영상저작물을 재생하여 공중에게 공연할 수 있다. 다만 대통령령이 정하는 경우에는 그러하지 아니하다.

저작재산권자의 경제적 이익을 심각하게 훼손할 우려가 있는 경우, 아래와 같은 단서조항을 두어 저작재산권자의 권리를 침해하지 않도록 규정하고 있다. 청중이나 관중에게 반대급부를 받지 않더라도 경마장 · 경륜장 · 경정장 · 골프장 · 스키장 · 에어로빅장 · 무도장 · 여객용 항공기 · 여객용 선박 · 여객용 열차 · 호텔 · 휴양 콘도미니엄 · 카지노 · 유원시설 · 할인점 · 전문점 · 백화점 · 쇼핑센터 등에서 판매용 음반이나 판매용 영상저작물을 공연하는 것은 안 된다. 다만 국가 · 지방자치단체(그 소속기관을 포함한다)의 청사 및 그 부속시설, 공연장, 박물관 · 미술관, 도서관, 지방문화원, 사회복지관, 여성 관련 시설, 청소년수련관, 시 · 군 · 구민회관 등에서 발행된 지 6개월이 넘은 판매용 영상저작물을 상영하는 것은 가능하다.

9. 사적 이용을 위한 복제

(1) 사적 이용 복제

영리를 목적으로 하지 않고 개인적으로 이용하거나, 또는 가정 및 그에 따르는 한정된 범위 안에서 이용하기 위하여 저작물 등을 복제하는 것은 저작권 침해가 되지 않는다(법 제30조). 다만, 공중의 사용에 제공하기 위하여 설치된 복사기기, 스캐너, 사진기 등 문화체육관광부령으로 정하는 복제기기에 의한 복제는 그러하지 아니하다. 일반적으로 저작물의 사적 복제란 개인이나 한정된 범위에 있는 사람이 개인적으로 저작물을 감상하거나 조사·연구하기 위하여 한정된 수량의 복제물을 만드는 것으로 이해할 수 있다. 사적 복제는 기본적으로 저작물의 개인적 이용(이하 사적 이용)을 전제로 하는데, 사적 이용은 개인이 저작물을 비상업적인 용도로 자신을 위해 개별적으로 이용하는 것을 의미한다. 가장 쉽고도 평범한 예는 개인이 소설을 읽다가 인상적인 한 구절을 노트에 옮겨 적는 것이다. 그런 점에서 여러 국가에서 사적 이용을 자유 이용(free use)의 하나로 보면서 용인하고 있다.[4]

인터넷 서핑을 하다가 저작물을 내려받는 것은 사적 이용을 위한 복제에 해당한다. 그러나 소리바다와 같은 P2P나 토렌트와 같은 사이트에서 (내려받는) 폴더를 공유한 채 저작물 등을 내려받거나 업로드하기 위하여 내려받는 것은 사적 이용을 위한 복제에 해당하지 않는다. 사적 이용을 위하여 내려받은 저작물 등을 공개된 개인 홈페이지나 블로그 등에 올리는 것도 안 된다. 전송 행위에 해당하기 때문이다.

---

4) 조연하, “저작물의 사적복제에 관한 사법적 판단기준: 사적이용을 중심으로”, 한국방송학보 28(4), 한국방송학회, 2014.7, 241면.

또 공중의 이용에 제공된 복사기기를 통해 복제하는 것은 사적 이용을 위한 복제에 해당하지 않는다. 예컨대, 대학 주변의 복사집에서 책을 복사하는 것은 사적 이용을 위한 복제에 해당하지 않는다. 또 직장의 복사기도 공중의 이용에 제공된 복사기기에 해당하기 때문에 직장 내 복사기로 저작물을 복사하는 것은 원칙적으로 사적 이용을 위한 복제에 해당하지 않는다. 직장 내 복사기가 비록 외부 사람들의 이용에 제공되지는 않더라도 직장 내 근로자는 법적으로 '특정 다수인'의 공중에 해당하기 때문이다.

(2) 허용 이유

사적 복제를 허용하는 이유는 가정과 같이 한정된 범위에서 이루어지는 이용행위는 저작권자의 정당한 이익을 부당하게 해할 염려가 적고, 이에 대해 일일이 저작권자가 규제하는 것도 불가능할 뿐만 아니라, 사생활의 자유를 침해할 우려가 있기 때문이다. 다만 공중의 사용에 제공하기 위해 설치된 복사기기에 의한 복제는 사적 복제에 해당될 수 없다. 사적 복제가 허용되는 가정 및 이에 따르는 한정된 범위란 복제행위가 상호 간에 강한 인적 결합관계가 있는 소수의 인원 사이에서 이루어져야 한다. 스마트폰을 이용하여 저작물을 불특정 다수에게 공중송신한다면 사적 복제가 될 수 없다.

❙ Ex ❙ 알약이나 V3 같은 백신 프로그램을 개인이용 허락받은 것을 회사에서 사용하면 저작권 침해가 된다. 기업 내부에서 업무상 이용하기 위하여 저작물을 복제하는 행위는 이를 '개인적으로 이용'하는 것이라거나 '가정 및 이에 따르는 한정된 범위 안에서 이용'하는 것이라고 볼 수 없으므로, 위 조항이 규정하는 '사적 이용을 위한 복제'에 해당하지 않는다. [대법원 2013.

2.15. 선고 2011도5835 판결(저작권법위반)]

(3) 사적 이용을 위한 복제 허용범위

사적 복제가 허용되는 범위는 필요한 한도 내에서 허용되며 필요 부수보다 많은 복제의 경우는 사적 복제로 허용되지 않는다.

Ex 피고인은 인쇄된 책자 50부를 제1교회의 교사협의회에, 20부를 민중교육연구소의 목사 등에게 배부하고 30부는 수사기관에 압수된 사실을 인정할 수 있는바, 이러한 위 연구소의 인적 구성과 회원의 수, 복제의 방법과 그 부수, 배포대상 등에 비추어 볼 때 설령 피고인이 연구의 목적으로 위 책자를 출판하였다고 하더라도 정당한 이용행위의 범주에 속하는 사적 사용을 위한 복제라고 할 수 없다. [대법원 1991.8.27. 선고 89도702 판결(저작권법위반)]

(4) 저작권을 침해한 복제물임을 알면서 복제하는 경우의 사적 복제 허용 문제

인터넷 이용자들이 저작권자로부터 이용허락을 받지 않은 영화 파일을 업로드하여 웹스토리지에 저장하거나 다운로드하여 개인용 하드디스크 또는 웹스토리지에 저장하는 행위가 저작권자의 복제권을 침해하는 것인지 여부(원칙적 적극) 및 해당 파일이 저작권을 침해하는 불법 파일인 경우에도 사적 이용을 위한 복제에 해당한다고 볼 수 있는지(소극) [서울중앙지방법원 2008.8.5.자 2008카합968 결정(저작권침해금지등가처분)]

1심 법원 판결이고 아직 대법원 판결이 나오거나 법률이 제정되지 않아 논란의 여지가 있다.

(5) 토렌트를 이용한 저작물 전송은 저작권 침해

토렌트는 다운로드와 동시에 업로드가 되므로 단순한 사적 복제 행위가 아니라 저작권 침해행위가 된다.

(6) 사적 복제의 범위

수업시간의 강의를 스마트 폰으로 녹음하는 것은 저작권법 위반인가? 강연자의 허락 없이 MP3를 이용해 강의 내용을 녹음하는 행위는 저작물의 복제행위로서 저작권자의 복제권을 침해하는 행위이다. 저작권법은 사적 이용을 위한 복제인 경우에는 저작권자의 저작재산권을 제한한다. 개인적으로 이용하거나 가정 및 이에 준하는 한정된 범위 안에서 이용하는 경우에는 그 이용자가 저작물을 복제하여 이용할 수 있다. 다만 이를 인터넷상에 업로드하거나 파일로 만들어 공유한다면 강연자에 대한 저작권 침해가 된다.

(7) 북 스캔과 사적 복제의 범위

서점에서 구매한 서적을 스캔하여 파일로 변환하여 읽는 행위는 저작권 침해인가? 저작권자의 동의 없이 스캔을 대행해 주는 북 스캔 업체의 행위는 저작권법상 복제로서 저작권을 침해하는 행위로 볼 수 있다. 개인이 구매한 도서를 가정에서 갖추고 있는 북 스캐너를 이용하여 직접 스캔하고, 스캔한 전자책을 다른 사람에게 전송하거나 배포할 목적이 아니라 개인적인 목적으로만 이용할 경우에는 사적 이용을 위한 복제 규정이 적용될 수도 있다. 그러나 구매한 도서를 스캔한 후 다시 중고시장에 되파는 행위를 지속해서 하는 경우 저작권법 위반이다. 구매대행업체를 이용하여 자기가 쓸 물건을 사면서 관세를 안 내는 것은 일정 금액 이하의 경우는 허용되나 대량으로 하는 경우는 관세법 위반이다.

10. 도서관 등에서의 복제

(1) 원 칙

도서관은 다음의 요건을 갖춘 경우에는 조사 · 연구를 목적으로 하는 이용자의 요구에 따라 공표된 도서 등의 일부분의 복제물을 제공할 수 있도록 하고 있다.

첫째, 이용자의 복제 요구가 조사 · 연구를 목적으로 한 것이어야 하며, 그 대상은 공표된 저작물이어야 한다. 둘째, 저작물 일부분을 1인 1부에 한하여 복제하여 제공하여야 한다. 마지막으로 위의 요건들을 모두 갖춘 경우에도 디지털 형태로는 복제할 수 없도록 규정하고 있다.

현행 저작권법 제31조 '도서관 등에서의 복제 등'은 1~8항에 걸쳐 이용자를 위한 복제(동조 1항 1호), 보존을 위한 복제(동조 1항 2~3호, 4항), 도서관자료의 디지털화 및 이용(동조 2~5항, 7항), 국가대표도서관의 온라인자료 수집(동조 8항)에 관하여 규정하고 있다. 제31조의 적용대상이 되는 기관은 '도서관법'에 따른 도서관으로 국립중앙도서관, 공공도서관, 대학도서관, 학교도서관, 전문도서관이다(저작권법시행령 제12조). 그러나 전문도서관 중에서 영리목적의 법인이나 단체에서 설립한 것으로 그 소속원만을 대상으로 봉사하는 도서관은 제외된다. 이용자가 조사 및 연구를 목적으로 요구하였을 때 도서관은 공표된 도서 등의 일부분을 복제하여 1인에게 1부 제공할 수 있다(제31조 1항 1호). 공표된 도서라는 단서가 있으나 저작자가 미공표 저작물을 도서관 등에 기증한 경우 별도의 의사를 표시하지 않는 한 기증한 때에 공표에 동의한 것으로 추정한다는 규정(제11조 5항)에 따라 도서관에 소장된 상당수의 저작물이 제31조 1항의 적용이 될 수 있다.

(2) 보존용 복제

보존용 복제는 두 가지 경우에 가능하다. 첫째는 자체 보존을 위하여 필요한 경우이고(제31조 1항 2호), 둘째는 다른 도서관 등의 요구에 따른 경우이다(동조 동항 3호). 자체 보존을 위한 복제의 경우 특별한 요건이 제시되어 있지는 않으나 다른 도서관 등의 요구에 따른 복제인 경우 절판이나 그에 따르는 정도의 구하기 어려운 도서이어야만 복제할 수 있다. 또한 자체 보존을 위한 복제의 경우 디지털 복제도 가능하나(단, 해당 자료가 디지털로 판매되지 않을 경우), 다른 도서관의 요구에 따른 복제인 경우 디지털 형태로 복제할 수 없다. 보존용 복제는 앞의 이용자를 위한 복제와는 달리 공표된 저작물이어야 한다는 요건과 복제분량 및 부수에 대한 제한이 없다. 따라서 미공표저작물도 보존용 복제의 대상이 될 수 있다.

(3) 디지털 복제 및 전송

도서관 등은 이용자의 열람을 위해 보관된 도서 등을 디지털로 복제할 수 있다. 이용자 열람을 위한 디지털 복제는 자관 이용자와 타관 이용자 모두를 위하여 가능하나 조건은 서로 다르다. 자관 이용자를 위한 디지털 복제의 경우 자관 내에서 동시에 이를 열람할 수 있는 이용자 수가 그 도서관에 보관된 자료의 부수를 초과할 수 없다(제31조 2항). 타관 이용자를 위한 디지털 복제 및 전송은 일부 또는 전부가 판매용으로 발행된 경우 발행일로부터 5년이 경과해야 가능하다(제31조 3항). 두 경우 모두 디지털 형태로 판매되는 자료는 디지털 형태로 복제할 수 없다(제31조 4항). 또한 이 두 경우 모두 이용자를 위한 복제의 경우와 달리 이용자의 요청이 있어야 하거나 공표된 저작물이어야 한다는 조건은 없다.[5]

11. 시험문제로서의 복제

우리 저작권법은 영리를 목적으로 하지 않는다면 학교의 입학시험 그 밖에 학식 및 기능에 관한 시험 또는 검정을 위하여 필요한 경우 그 목적을 위해 정당한 범위에서 공표된 저작물을 복제 · 배포할 수 있도록 규정한다. 시험문제 출제 전에 저작권자의 허락을 얻도록 하는 것은 비밀유지 측면에서 비합리적이다. 공익적 필요에 따라 저작물 이용의 경제적 부담을 줄여 주는 것이다. 다만 영리적인 경우는 제외한다. 교육 관련 잡지를 영리 목적으로 출판하고 있다면, 이 규정의 적용을 받지 않는다. 기출문제를 저작권자의 허락을 받지 않고 이용한다면 저작권 침해가 발생하게 된다.

법원은 대학본고사 입학시험문제,[6] 토플문제,[7] 대학예비고사문제,[8] 고등학교 중간 및 기말고사 문제[9] 등을 보호받는 저작물로 인정한 바 있다.

▌Ex▐ 수능시험 문제도 저작권이 있으므로 사설학원이 무단도용 시 저작권 침해

대입 본고사 입시문제가 역사적인 사실이나 자연과학적인 원리에 대한 인식의 정도나 외국어의 해독능력 등을 묻는 것이고, 또 교과서, 참고서 기타

5) 정경희, "주요국 저작권법의 도서관 예외 규정 비교 분석", 정보관리학회지 34(1), 한국정보관리학회, 2017.3, 268면.
6) 서울지법 1994.8.23. 선고 94카합6795 결정.
7) 서울고법 1995.5.4. 선고 93나47372 판결. 이 사건에서 법원은 토플문제를 잡지에 무단 복제한 잡지사에 대하여 토플 1문제당 미화 7.5달러의 손해배상을 인정하였다.
8) 대법원 1989.1.17. 선고 87도2604 판결.
9) 서울지법, 2006.10.18. 선고 2005가합73377 판결.

교재의 일정한 부분을 발췌하거나 변형하여 구성된 측면이 있다고 하더라도, 출제위원들이 인재를 선발하기 위하여 정신적인 노력과 고심 끝에 남의 것을 베끼지 아니하고 문제를 출제하였고 그 출제한 문제 질문의 표현이나 제시된 여러 개의 답안의 표현에 최소한도의 창작성이 인정된다면, 이를 저작권법에 따라 보호되는 저작물로 보는 데 아무런 지장이 없다고 한 사례. [대법원 1997.11.25. 선고 97도2227 판결(저작권법위반)]

Ex 출판사 대표 겸 발행인인 피고인들이 특정 연도에 시행된 의사 및 간호사 국가시험 출제문제의 저작권자인 피해자 한국보건의료인국가시험원의 동의를 받지 아니한 채 '전국 의과대학 4학년 협의회'에서 복원한 시험문제를 그대로 또는 일부 변경하여 게재한 기출문제집 형태의 책을 제작・판매함으로써 피해자의 저작권을 침해하였다고 하여 저작권법위반으로 기소된 사안에서, 출제된 시험문제는 의과대학 및 간호대학 교수들이 문제은행에 저장된 문제 중에서 선정한 후 수정・보완을 거친 것으로서, 질문의 표현이나 제시된 답안의 표현에 최소한도의 창작성이 인정되어 저작권법에 따라 보호되는 저작물에 해당하고, 피고인들이 책에 실은 문제와 실제 문제 사이에 실질적인 유사성이 인정된다는 이유로 각 유죄를 선고한 사례. [서울동부지방법원 2012.1.19. 선고 2011고단1583 판결: 확정(저작권법위반)]

12. 시각장애인 등을 위한 복제

저작권법 제33조(시각장애인 등을 위한 복제 등) ① 공표된 저작물은 시각장애인 등을 위하여 점자로 복제・배포할 수 있다. ② 시각장애인 등의 복리증진을 목적으로 하는 시설 중 대통령령이 정하는 시설은 영리를 목적으로 하지 아니하고 시각장애인 등의 이용에 제공하기 위하여 공표된 어문저작물을 녹음하거나 시각장애인 등 전용기록방식으로 복제·배포 또는 전송할 수 있다. 디지털기기의 보급에 발맞추어 점자 방식만이 아닌 녹음이나 시각장애인 등을 위한 전용기록방식으로의 복제나 배포 또는 전송도 허용된다. 디지털 파일은 쉽게 점자나 오디오로 변환할 수 있기에 시각장애인들에게 유용하다. 그러나 디지털 파일의 특성상 쉽게 유출되어 저작권자에게 손해될 수도 있는 점 등을 고려하여 그러한 복제가 가능한 시설과 일반인들이 이를 습득하더라도 쉽게 이용할 수 없는 기술적 조치 등의 적용에 의하도록 하여 제한한다.

13. 청각장애인 등을 위한 복제

저작권법 제33조의2(청각장애인 등을 위한 복제 등) ① 누구든지 청각장애인 등을 위하여 공표된 저작물을 수화로 변환할 수 있고, 이러한 수화를 복제·배포·공연 또는 공중송신할 수 있다. ② 청각장애인 등의 복리증진을 목적으로 하는 시설 중 대통령령으로 정하는 시설은 영리를 목적으로 하지 아니하고 청각장애인 등의 이용에 제공하기 위하여 필요한 범위에서 공표된 저작물 등에 포함된 음성 및 음향 등을 자막 등 청각장애인이 인지할 수 있는 방식으로 변환할 수 있고, 이러한 자막 등을 청각장애인 등이 이용할 수 있도록 복제·배포·공연 또는 공중송신 할 수 있다.

14. 미술저작물 등의 전시 또는 복제

(1) 미술작품소장자에 의한 원작품의 전시

미술원작품의 소장자나 그의 동의를 얻은 자는 저작권자의 허락 없이 원작품에 의하여 전시할 수 있다. 그러나 가로(街路)·공원(公園) · 건축물의 외벽(外壁) 그 밖의 공중에 개방된 장소에 항시 전시(恒時展示)하는 것은 안 된다. 여기서 '가로 · 공원 · 건축물의 외벽 그 밖의 공중에 개방된 장소'란 가로 · 공원 · 건축물뿐만 아니라 광장 · 옥외장소 · 공공장소 등 공중이 자유롭게 접근할 수 있는 장소를 말한다. 따라서 관공서 · 기업체 · 병원 등 건물의 옥내는 공중에 개방된 장소로 보기 어렵다.

원작품의 소장자는 원작품에 의해서만 전시할 수 있기 때문에 원작품을 복제한 복제품을 가지고 전시할 수는 없다. 다만 소장 작품이 원작품이 아니라 복제품일지라도 그 복제품이 저작권자의 허락을 거쳐 적법하게 제작된 진정한 복제품이라면, 그 복제품은 원작품이나 다를 바 없다. 따라서 진정한 복제품의 소장자는 그 복제품에 의하여 전시하는 것이 가능하다.

(2) 공중에 항시 전시된 저작물의 이용

가로 · 공원 · 건축물의 외벽 등 개방된 장소에 항시 전시된 미술작품은 누구든지 복제하여 이용할 수 있다. 미술저작물 · 건축저작물 또는 사진저작물 등이 일반 공중에게 개방된 장소에 항시 전시된 경우에 이를 저작권법으로 규제하는 것은 불합리하다. 미술저작물 등이 가로 · 공원 · 건축물의 외벽 그 밖에 공중에게 개방된 장소에 항시 전시된 경우에는, ① 건축물을 건축물로 복제하는 경우, ② 조각 또는 회화를 조각 또는 회화로 복제하는 경우, ③ 해당 미술저작물 등을 개방된 장소 등에 항시 전시하기 위하여 복제하는 경우, ④ 판매의 목적으로 복제하는 경우 등과 같은 4가지 경우를 제외하고는 어떠한 방법으로든지 이를 복제하여 이용 가능하다. 조각을 조각으로, 회화를 회화로 복제하거나, 또는 동종의 형태로 복제하지 않더라도 공중에 항시 전시하기 위하여 복제하거나 판매의 목적으로 복제하는 것은 허용되지 않는다. 빌딩 앞에 전시된 예술작품을 사진으로 촬영하여 개인 블로그에 업로드 하는 행위는 해당 조항에 따라 허용된다. 다만 판매의 목적으로 복제하는 경우는 예외로 하고 있으므로 미술저작물 등을 촬영한 사진을 복제하여 엽서나 캘린더 등으로 판매하는 행위는 허용되지 않는다.

(3) 사진관에서 증명사진을 촬영한 경우

우리 저작권법은 위탁에 의한 초상화 또는 이와 유사한 사진저작물의 경우에는 위탁자의 동의 없이는 저작권자라 할지라도 해당 사진저작물을 이용할 수 없도록 규정하여 초상사진 인물의 인격적 권리를 보호한다. 의뢰로 촬영에 대한 대가를 받고 인물의 초상사진을 촬영하는 경우에도 저작권은 원칙적으로 저작물을 창작한 촬영자이다. 인물의 초상사진에는 초상권 문제가 함께 포함되어 있기 때문에 저작권에 기초하여 촬영자가 마음대로 이용할 수 있도록 하는 것은 개인의 인격권을 침해하는 중대한 문제가 발생할 수 있다. 이에 위탁자의 동의 없이는 이를 이용할 수 없도록 법에서 규정한다.

15. 저작물 이용과정에서의 일시적 복제

저작권법 제35조의2(저작물 이용과정에서의 일시적 복제) 컴퓨터에서 저작물을 이용하는 경우에는 원활하고 효율적인 정보처리를 위하여 필요하다고 인정되는 범위 안에서 그 저작물을 그 컴퓨터에 한때 복제할 수 있다. 다만 그 저작물의 이용이 저작권을 침해하는 경우에는 그러하지 아니하다.

컴퓨터에서 작업하면서 일시적으로 저장을 하는 경우는 저작권 침해로 볼 수 없다는 내용이다.

16. 프로그램코드 역분석

저작권법 제101조의4(프로그램코드역분석) ① 정당한 권한에 의하여 프로그램을 이용하는 자 또는 그의 허락을 받은 자는 호환에 필요한 정보를 쉽게 얻을 수 없고 그 획득이 불가피한 경우에는 해당 프로그램의 호환에 필요한 부분에 한하여 프로그램 저작재산권자의 허락을 받지 아니하고 프로그램코드역분석을 할 수 있다.

정당한 경우 reverse engineering을 허용한다는 내용이다.

17. 정당한 이용자에 의한 보존을 위한 복제 등

저작권법 제101조의5(정당한 이용자에 의한 보존을 위한 복제 등) ① 프로그램의 복제물을 정당한 권한에 의하여 소지 · 이용하는 자는 그 복제물의 멸실 · 훼손 또는 변질 등에 대비하기 위하여 필요한 범위에서 해당 복제물을 복제할 수 있다.

삭제되거나 작동불능상태에 대비하기 위한 내용이다.

18. 공정한 이용

저작권법 제35조의5(저작물의 공정한 이용) ① 저작물의 일반적인 이용 방법과 충돌하지 아니하고 저작자의 정당한 이익을 부당하게 해치지 아니하는 경우에는 저작물을 이용할 수 있다.

② 저작물 이용 행위가 제1항에 해당하는지를 판단할 때에는 다음 각 호의 사항 등을 고려하여야 한다.

1. 이용의 목적 및 성격

2. 저작물의 종류 및 용도

3. 이용된 부분이 저작물 전체에서 차지하는 비중과 그 중요성

4. 저작물의 이용이 그 저작물의 현재 시장 또는 가치나 잠재적인 시장 또는 가치에 미치는 영향

저작물 이용 행위가 공정이용에 해당하는지를 판단하기 위해서 4가지 사항을 예시한다. ① 영리성 또는 비영리성 등 이용의 목적 및 성격, ② 저작물의 종류 및 용도, ③ 이용된 부분이 저작물 전체에서 차지하는 비중과 그 중요성, ④ 저작물의 이용이 그 저작물의 현재 시장 또는 가치나 잠재적인 시장 또는 가치에 미치는 영향을 종합적으로 고려해 판단한다.

❙ Ex ❙ 저작물의 공정이용은 저작권자의 이익과 공공의 이익이라고 하는 대립되는 이해의 조정 위에서 성립하므로 공정이용의 법리가 적용되기 위해서는 그 요건이 명확하게 규정되어 있을 것이 필요한데, 구 저작권법(2009.3.25. 법률 제9529호로 개정되기 전의 것)은 이에 관하여 명시적 규정을 두지 않으면서 제23조 이하에서 저작재산권의 제한사유를 개별적으로 나열하고 있을 뿐이므로, 구 저작권법하에서는 널리 공정이용의 법리가 인정되는 것으로 보기는 어렵다. [대법원 2013.2.15. 선고 2011도5835 판결(저작권법위반)]

19. 출처 명시

저작권법 제37조(출처의 명시) ① 저작물을 이용하는 자는 그 출처를 명시하여야 한다.

② 출처의 명시는 저작물의 이용 상황에 따라 합리적이라고 인정되는 방법으로 하여야 하며, 저작자의 실명 또는 이명이 표시된 저작물인 경우에는 그 실명 또는 이명을 명시하여야 한다.

우리 저작권법도 저작재산권 제한 사유에 해당하여 저작물의 자유로운 이용이 가능한 경우에 저작물의 이용 상황에 따라 합리적이라고 인정되는 방법으로 출처를 명시하도록 규정한다. '합리적으로 인정되는 방법'은 일반적으로 저작물의 제호와 저작자명을 밝히는 것으로 구체적으로 전문서적이나 학술논문에는 각주 등의 방법을 사용하여 저작자의 이름, 책의 제호, 발행기관, 판수, 발행연도, 해당 페이지이다. 단순히 출처를 네이버 블로그나 인터넷이라고 하는 것은 출처를 명시한 것이 아니다. 또한 논문의 경우 학문 분야의 특성에 따라 출처 표기가 달라질 수 있다.

20. 패러디

(1) 패러디의 정의

'패러디(parody)'라는 용어는 반대하다 또는 대응하다라는 뜻의 그리스어인 'para'와, 노래를 의미하는 'odia'의 합성어 'parodia'에서 유래한 것으로 알려졌다.[10)]

그 후 18세기 독일의 시인 베르니케(Wernicke)가 단편시집에서 사회의 유명 인사나 작품에 대해 야유, 조소 등 오락적인 표현기법을 사용해 작품화하기 시작하였고, 19세기 이후에는 문학의 범주에 한정되지 않고 연극, 영화, 방송 등 다양한 장르에서 패러

10) Metro-Goldwyn-Mayer, Inc. v. Showcase Atlanta Co-op. Productions, Inc., N.D.Ga.1979, 479 F.Supp. 351, 203 U.S.P.Q. 822.

디가 널리 유행하게 되었다.[11] 패러디는 2차적 저작물과 저작물의 인용조항, 우리 저작권법에 최근 개정되어 삽입된 공정이용조항과도 연관되어 있다. 앞서 언급한 대로 패러디는 창작의 자유와 예술의 자유, 학문의 자유, 표현의 자유 특히 비평의 자유 등과 연관성을 가진다.[12]

가. 비평 또는 풍자

패러디는 원작을 비평 또는 풍자하여야 한다. 원작을 비평 또는 풍자한 것이라는 사실을 감상자가 알 수 있어야 한다. 풍자라는 것을 알기 어렵다면 '실패한 패러디'로서 저작권 침해가 성립할 수 있다.

나. 이용 행위의 목적과 성격

상업적 성격을 가지는 것인지가 또 하나의 기준이다. 기준은 결정적인 것은 아니며, 상업적 성격을 가진 이용 행위도 패러디가 인정된 사례가 있다.

다. 이용된 분량과 실질적 가치

패러디되기 위하여는 '원작을 떠올리는 정도'를 차용하여야 한다는 것이다.

라. 원작의 시장수요에 대하여 미치는 영향

패러디가 원작의 시장적, 경제적 가치에 미치는 효과를 분석하여 가치를 감소시키거나 그러한 수요를 대체하는 효과가 있어오는 패러디에 대하여는 자유이용을 허용하지 않는다.

---

11) 장연이 · 김희권, "패러디의 의미와 표현의 자유", 한국디지털콘텐츠학회 논문지 18(7), 한국디지털콘텐츠학회, 2017.11, 1,334면.

12) 계승균, "저작권법상 패러디에 관한 일 고찰", 동아법학 57, 동아대학교 법학연구소, 2012.11, 250면.

(2) 패러디의 사례

▌Ex▐ 서태지 컴백홈

가수 이모 씨가 서태지의 'Come Back Home'이라는 유명 가요를 저작권자의 허락 없이 개사하고, 해당 가요의 뮤직비디오를 패러디로 이용하여 저작권 침해 분쟁이 발생한 사안으로 법원은 "기존의 저작물에 풍자나 비평 등으로 새로운 창작적 노력을 부가함으로써 사회 전체적으로 유용한 이익을 가져다줄 수 있는 점으로 이른바 패러디가 저작권법 제28조에 의하여 허용될 여지가 있음은 부인할 수 없다 하겠으나, 이 사건 원곡에 나타난 독특한 음악적 특징을 흉내 내어 단순히 웃음을 자아내는 정도에 그치는 것일 뿐 신청인이 이 사건 원곡에 대한 비평적 내용을 부가하여 새로운 가치를 창출한 것으로 보이지 아니하고, 패러디로서 보호되는 것은 해당 저작물에 대한 비평이나 풍자인 경우라 할 것이고 해당 저작물이 아닌 사회현실에 대한 것까지 패러디로서 허용된다고 보기 어려우며, 여러 사정을 종합하여 볼 때, 이 사건 개사곡은 패러디로서 보호받을 수 없다 하겠다."라고 판단하였다.
(서울중앙지방법원 2001.11.1. 자 2001카합1837 결정)

우리나라에서 패러디가 문제 된 유일한 사건인 2001년 '서태지 컴백홈' 판결에서 법원은 저작권침해를 인정하면서 "패러디 허용 여부는 저작권의 본질적인 부분을 침해하지 않는 범위 내에서 예외적으로만 허용되어야 하는 만큼 제반요소를 고려하여 신중하게 판단하여야 한다"며 패러디에 대한 엄격한 법적용의 모습을 보여 주고 있다. 대법원도 패러디 관점에서 취급해 볼 수 있었던 소위 개사곡 관련사건에서 패러디와 인용을 구별하지 않고 법적용을 함으로써 문예적 패러디나 상업적 패러디 문제를 다룬 저작권침해 관련 본안판결은 아직 한 건의 선례도 없다.[13)]

▌EX▐ 미국 대법원 1994년 Campbell v. Acuff-Rose Music, Inc.

Roy Robinson "Pretty Woman"이라는 노래의 앞 소절을 변화시킨 2 Live Crew의 노래를 패러디로서 저작권 위반이 아니라고 판시하였다.

패러디는 공정한 인용의 원칙에 따라 허용될 수 있다. 대부분 패러디 영상물은 가수의 인기를 높여주고 홍보에 도움이 되기 때문에 현실적으로 권리자들이 침해의 문제를 제기하지 않는 경우도 많다. 다만 영상에 새로운 창작성이나 풍자를 가미한 것이 아니라 원본을 재현한 것에 불과한 것은 패러디가 아닌 복제에 해당되어 저작권 침해 문제가 발생할 수 있고, 단순히 웃음만을 유발하는 패러디는 공정한 이용으로 인정받지 못할 수 있으며 형법상 명예훼손의 문제가 발생할 수도 있다. 그러나 영상물은 패러디한다 하더라도 해당 음원은 그대로 복제되기 마련이므로 음악 저작권에 대한 이용허락은 별도로 필요하다.

21. 저작권의 이용과 CCL

저작물 이용허락 표시제도 중 하나인 CCL(Creative Commons License)은 자신의 창작물에 대해 일정한 조건하에 모든 이의 자유이용을 허락하는 라이선스를 표시한다. 저작권자가 자신의 저작물에 대한 이용방법 및 조건을 표시하고, 이용자들은 그 방법과 조건 내에서 자유롭게 저작물을 이용한다.

Attribution(저작자 표시)은 저작자의 이름, 출처 등 저작자를 반드시 표시해 주어야 한다는 내용이다. Noncommercial(비영리)은

13) 김정완, "저작권법상 패러디의 보호", 법학논총 37(3), 전남대학교 법학연구소, 2017.8, 124면.

저작물을 영리 목적으로 이용할 수 없고 영리목적의 이용을 위해서는 별도의 계약이 필요하다는 의미이다. No Derivative Works(변경금지)는 저작물을 변경하거나 저작물을 이용한 2차적 저작물 제작을 금지한다는 의미이다. Share Alike(동일조건변경허락)은 2차적 저작물 제작을 허용하되, 2차적 저작물에 원 저작물과 동일한 라이선스를 적용해야 한다는 의미이다.

저작자표시(BY)는 모든 CCL에 기본적으로 포함한다. 변경금지(ND)와 동일조건변경허락(SA)은 동시에 사용할 수 없으므로, 가능한 조합은 저작자표시(BY), 저작자표시-변경금지(BY-ND), 저작자표시-비영리(BY-NC), 저작자표시-동일조건변경허락(BY-SA), 저작자표시-비영리-동일조건변경허락(BY-NC-SA), 저작자표시-비영리-변경금지(BY-NC-ND) 등 총 6가지이다.

라이선스	문자표기	바로가기
CC BY	CC BY	저작자표시
CC BY NC	CC BY-NC	저작자표시-비영리
CC BY ND	CC BY-ND	저작자표시-변경금지
CC BY SA	CC BY-SA	저작자표시-동일조건변경허락
CC BY NC SA	CC BY-NC-SA	저작자표시-비영리-동일조건변경허락
CC BY NC ND	CC BY-NC-ND	저작자표시-비영리-변경금지

‖ 제2절 ‖ 저작물 이용의 법정허락과 저작재산권 보호기간

Ⅰ. 저작물 이용의 법정허락

1. 의 의

상당한 노력을 기울였어도 공표된 저작물의 저작재산권자를 알지 못하거나 저작재산권자를 알더라도 그의 거소를 찾을 수 없어 저작물의 이용을 허락받을 수 없는 경우, 저작권법에서는 '법정허락제도'를 두어 문화체육관광부장관에게 저작물의 이용승인을 얻은 후 문화체육관광부장관이 정하는 기준에 의한 보상금을 위원회에 지급하고 이를 이용할 수 있도록 규정한다. 다른 사람의 저작물(또는 실연, 음반, 방송 및 데이터베이스)을 이용하기 위하여 상당한 노력을 기울였어도 권리자를 알 수 없거나 권리자의 거소를 알 수 없는 경우 또는 특별한 목적으로 저작물을 이용하고자 하였으나 권리자와 협의가 성립되지 않아 이용할 수 없는 경우 저작권법에 의하여 권리자를 대신하여 저작물 이용을 승인하는 제도이다.

2. 법정허락 대상

저작재산권자 불명인 저작물의 이용(법 제50조): 상당한 노력을 기울였어도 공표된 저작물의 저작재산권자나 그의 거소를 알 수 없어 그 저작물의 이용허락을 받을 수 없는 경우 공표된 저작물의 방송(법 제51조): 공표된 저작물을 공익상 필요로 방송하고자 하는 방송사업자가 그 저작재산권자와 협의하였으나 협의가 성립되지 아니하는 경우

상업용 음반의 제작(법 제52조): 상업용 음반이 우리나라에서 처음으로 판매되어 3년이 경과한 경우 그 음반에 녹음된 저작물을 녹음하여 다른 상업용 음반을 제작하고자 하는 자가 그 저작재산권자와 협의하였으나 협의가 성립되지 아니한 경우

실연 · 음반 및 방송 이용(법 제89조): 실연 · 음반 및 방송 이용에 관하여 법 제50조부터 법 제52조까지의 규정을 준용

데이터베이스의 이용(법 제97조): 데이터베이스 이용에 관하여 법 제50조 및 법 제51조까지의 규정을 준용.

3. 법정허락 절차

법정허락에 대한 신청이 들어오면 한국저작권위원회는 저작재산권자를 찾는다는 취지의 내용을 권리자찾기 정보시스템에 10일간 공고한다. 관보 공고 후에도 저작재산권자가 나타나지 않으면 법정허락 신청 건에 대한 심의를 거쳐 승인 여부를 심사한다. 이러한 절차를 거쳐 법정허락 승인이 된 때에야, 비로소 위원회에 일정한 보상금을 지급한 뒤 저작물을 이용할 수 있다.

II. 저작재산권 보호기간

1. 저작권의 보호기간

모차르트는 1791년에 사망하였다. 그렇다면 모차르트 음악의 저작권은 기간이 경과하여 저작권이 만료되었다. 이러한 경우에 다른 사람이 모차르트의 곡을 연주한 것을 인터넷에서 공유하는 것은 저작권을 침해하는 것인가?

저작권법 제39조(보호기간의 원칙) ① 저작재산권은 이 관에 특별한 규정이 있는 경우를 제외하고는 저작자가 생존하는 동안과 사망한 후 70년간 존속한다.

② 공동저작물의 저작재산권은 맨 마지막으로 사망한 저작자가 사망한 후 70년간 존속한다.

한 · EU FTA 체결 이전 우리나라 저작권법은 원칙적으로 저작자의 생존기간 및 사후 50년간 저작권을 보호하였다. 한 · EU FTA와 한 · 미 FTA가 체결되면서 개정된 저작권법에서는 저작권의 보호기간을 저작자 사후 50년에서 70년으로 연장하였다. 다만 해당 조항은 2013년 7월 1일부터 시행되었으며 시행일 이전에 이미 만료된 권리는 연장하여 보호하지 않는다. 저작자가 1962년 12월 31일 이전에 사망하였다면 2013년 7월 1일 시행된 보호기간의 연장이 적용되지 않는다. 보호기간이 만료된 저작물은 상업적 용도를 포함하여 저작자의 명예를 훼손하는 방법이 아닌 한 자유롭게 이용할 수 있다.

▌Ex▐ ▶ 헤르만 헤세: 1962년 사망
- 보호기간: 1963.1.1.~2012.12.31.
- 대표작품: 데미안, 유리알 유희, 수레바퀴 밑에서 등

▶ 염상섭: 1963년 사망
- 보호기간: 1964.1.1.~2033.12.31.
- 대표작품: 만세전, 삼대, 표본실의 청개구리 등

2. 저작권의 무방식주의

저작권법은 저작물의 창작한 때로부터 저작권이 발생하고 등록이나 출판 등 어떠한 절차나 형식의 이행을 요구하지 않는 무방식주의이다. 대부분 국가가 베른협약 등 국제조약에 따라 무방식주의를 취하고 있다. 홈페이지나 도서 등에 ⓒ 표시와 함께 "All rights reserved"라고 명시하는 것을 자주 보게 된다. 종종 볼 수 있는 ⓒ 표시는 과거 저작권의 발생에 관해 방식주의를 취하고 있던 미국이 주축이 된 세계저작권협약(Universal Copyright Convention: UCC)에 의한 것이다. ⓒ 표시는 Copyright의 첫 글자이다. 그러나 미국도 1989년부터 무방식주의를 원칙으로 한다.

3. 저작권의 등록

(1) 개 요

저작물에 관한 일정한 사항(저작자 성명, 창작연월일, 맨 처음 공표연월일 등)과 저작재산권의 양도, 처분제한, 질권설정 등 권리변동에 대한 사항을 공적 장부에 등재하고, 일반 국민에게 공개, 열람하도록 공시한다. 저작권 등록을 하지 않더라도 저작권은 생기지

만 다른 제3자와의 관계에서 보다 권리를 잘 인정받도록 하려는 것이다. 즉 일반 공중에게 공개 열람하도록 하여 공시적인 효과가 있게 하고 사후적인 입증의 편의를 위한 것이다.

(2) 저작권 등록의 효력

추정력이 있다. 저작자로 실명이 등록된 자는 그 등록저작물의 저작자로, 창작연월일 또는 맨 처음 공표연월일이 등록된 저작물은 등록된 연월일에 창작 또는 맨 처음 공표된 것으로 추정한다. 다만 저작물을 창작한 때부터 1년이 경과한 후에 창작연월일을 등록한 경우에는 등록된 연월일에 창작된 것으로 추정하지 아니한다. 등록된 저작권 등을 침해한 자는 그 침해 행위에 과실이 있는 것으로 추정한다. (입증책임의 전환)(저작권법 제125조 제4항)

대항력이 있다. 저작재산권의 양도, 처분제한, 질권설정 등 권리변동등록의 경우 제3자에 대한 대항력을 부여한다.

법정 손해배상 청구가 가능하다. 침해행위가 일어나기 전에 미리 저작권을 등록하였다면 원고가 실손해를 입증하지 않은 경우라도 사전에 저작권법에서 정한 일정한 금액(저작물마다 1천만 원, 영리를 목적으로 한 고의의 경우 5천만 원 이하)을 법원이 원고의 선택에 따라 손해액으로 인정할 수 있도록 한 법정 손해배상제도를 이용할 수 있다.

저작권 허위 등록은 처벌한다.

Ex 허위등록죄의 보호법익은 저작권등록부 기재 내용에 대한 일반 공중의 신용을 보호하려는 데에 있고, 저작물의 저작자가 누구인지에 따라서 저작재산권의 보호기간이 달라져 저작물에 대한 공중의 자유로운 이용이 제한될 수 있으므로, 저작자의 성명 등에 관한 사항은 저작권등록부의 중요한 기재 사항으로서 그에 대한 사회적 신뢰를 보호할 필요성이 크다고 할 것인바, 사정이 이러하다면 저작자의 성명 등의 허위등록에 있어서 진정한 저작자로부터 동의를 받았는지는 허위등록죄의 성립 여부에 영향이 없다. [대법원 2008.9.11. 선고 2006도4806 판결(저작권법위반)]

CHAPTER 5

저작인접권과 기타 권리

‖ 제1절 ‖ 저작인접권

1. 저작인접권

저작인접권이란 실연자, 음반제작자 및 방송사업자에게 부여되는 저작권에 인접하는 권리(neighboring right)이다. 저작물을 직접 창작하지는 않지만, 공중이 다양한 저작물에 접근할 수 있도록 매개하는 자에게 부여되는 권리이다. 창작자에게 부여되는 저작권과 구별하기 위하여 저작인접권이라고 하며 저작인접권자에는 실연자 · 음반제작자 · 방송사업자 · DB 제작자가 있다.

실연자란 "저작물을 연기 · 무용 · 연주 · 가창 · 구연 · 낭독 그 밖의 예능적 방법으로 표현하거나 저작물이 아닌 것을 이와 유사한 방법으로 표현하는 실연을 하는 자"로서, 가수 · 성악가 · 탤런트 · 배우 · 연주자 · 모델 · 지휘자 · 마술사 · 곡예사 등을 말한다. 음반제작자는 음(소리)을 음반에 고정하는 데 있어 전체적으로 기획하고 책임을 지는 자로서, 마스터 음반제작자를 말한다. 이렇게 고정된 소리는 음원(音源)이지만 법적으로는 음반이라고 부른다. 방송사업자는 저작물을 공중이 동시에 수신할 수 있도록 무선 또는 유선으로 송신하는 자로서, 지상파방송사업자 · 유선방송사업자 · 위성방송사업자를 말한다. 창작성 없는 DB 제작자는 데이터베이스의 제작 또는 그 소재의 갱신 · 검증 또는 보충에 인적 또는 물적으로 상당한 투자를 한 자를 말한다.

2. 실연자의 권리

'실연자'는 저작물을 연기 · 무용 · 연주 · 가창 · 구연 · 낭독 그 밖의 예능적 방법으로 표현하거나 저작물이 아닌 것을 이와 유사한 방법으로 표현하는 실연을 하는 자를 말하며, 실연을 지휘, 연출 또는 감독하는 자를 포함한다. 실연자는 성명표시권, 동일성유지권, 복제권, 배포권, 대여권, 공연권, 방송권, 전송권을 가진다. 광고 속 스타 실연자의 음성이 광고 매출에 어떠한 영향을 미치는지를 연구한 내용에는 모두 소비자의 상품 구매에 유의한 정의 영향을 미치는 것으로 파악되었으며, 특히 호감성, 매력성 등이 소비자의 상품 구매에 더 큰 영향을 미치는 것을 알 수 있다.[1] 최근에는 실연자의 역할이 중요해지고 있다.

방송사업자가 실연이 녹음된 상업용 음반을 사용하여 방송하는 경우에는 상당한 보상금을 그 실연자에게 지급하여야 한다. 디지털음성송신사업자가 실연이 녹음된 음반을 사용하여 송신하는 경우에는 상당한 보상금을 그 실연자에게 지급하여야 한다. 실연이 녹음된 상업용 음반을 사용하여 공연하는 자는 상당한 보상금을 해당 실연자에게 지급하여야 한다.

❙ Ex ❙ 사망한 가수 김광석이 가지고 있던 실연자로서의 저작인접권이 그의 부친과 처 중 누구에게 귀속되는지를 판단한 사례

위 조항들은 이 사건 기존 4개 음반의 판매로부터 이익을 얻을 권리는 김광석의 아버지가, 이 사건 기존 4개 음반에 수록된 음원을 이용하여 처가 제

1) 김진이 · 조인희, "TV 광고에 있어 실연자의 음성이 소비자의 상품 구매에 미치는 영향에 관한 연구: TV 스타를 중심으로", 한국엔터테인먼트산업학회논문지 8(2), 한국엔터테인먼트산업학회, 2014.6, 212면.

작할 예정인 라이브 음반의 판매로부터 이익을 얻을 권리는 처가 갖는다는 의미로 해석하는 것이 옳다. [대법원 2008.6.26. 선고 2006도4126 판결(저작권법위반)]

3. 음반제작자의 권리

"음반제작자"는 음을 음반에 고정하는 데 있어 전체적으로 기획하고 책임을 지는 자를 말한다. 음반제작자는 복제권, 배포권, 대여권, 전송권을 가진다.

방송사업자가 상업용 음반을 사용하여 방송하는 경우에는 상당한 보상금을 그 음반제작자에게 지급하여야 한다. 디지털음성송신사업자가 음반을 사용하여 송신하는 경우에는 상당한 보상금을 그 음반제작자에게 지급하여야 한다. 상업용 음반을 사용하여 공연하는 자는 상당한 보상금을 해당 음반제작자에게 지급하여야 한다.

4. 방송사업자의 권리

방송사업자는 방송을 업으로 하는 자를 말한다. 방송사업자는 복제권, 동시 중계방송권, 공연권을 가진다.

5. 저작인접권의 보호 기간

저작인접권은 다음 각 호의 어느 하나에 해당하는 때의 다음 해부터 계산을 시작하여 70년(방송의 경우에는 50년)간 존속한다.

1. 실연의 경우에는 그 실연을 한 때. 다만 실연을 한 때부터 50년 이내에 실연이 고정된 음반이 발행된 경우에는 음반을 발행

한 때

2. 음반의 경우에는 그 음반을 발행한 때. 다만 음을 음반에 맨 처음 고정한 때의 다음 해부터 계산을 시작하여 50년이 경과한 때까지 음반을 발행하지 아니한 경우에는 음을 음반에 맨 처음 고정한 때

3. 방송의 경우에는 그 방송을 한 때

모차르트는 사망하여 모차르트가 작곡한 악보는 저작권이 만료하여 누구나가 이를 이용할 수 있다.

그러나 모차르트의 악보를 연주한 실연자, 음반을 기획한 음반제작자, 방송하는 방송사업자가 저작인접권이 생기고 이러한 저작인접권의 기간이 만료되지 않는다면 자유로이 사용할 수 없다. 예를 들어 빈 필하모닉이 모차르트의 교향곡을 연주한 음반을 발매하고 방송을 하게 되었다면 저작인접권자의 허락을 받아야만 사용을 할 수 있다.

6. 유튜브에서 음악사용의 경우

원칙적으로 유튜버가 자신의 영상에 다른 사람의 음악을 사용하기 위해서는 저작권자로부터 사전에 이용허락을 받아야 한다. 우리 저작권법은 제46조에서 "저작재산권자는 다른 사람에게 그 저작물의 이용을 허락할 수 있고, 허락을 받은 자는 허락받은 이용 방법 및 조건의 범위 안에서 그 저작물을 이용할 수 있다"고 규정한다. 따라서 자신이 제작하는 영상에 특정 음악을 사용하고자 하는 유튜버는 해당 저작물의 모든 권리 주체에게 이용허락을 받아야 한다.

예를 들어 자신이 좋아하는 음악을 영상의 배경음악으로 사용하기 위해서는 저작권자인 작사가, 작곡가뿐만 아니라 저작인접권자인 실연자와 음반제작자 모두에게 각각 이용허락을 받아야 한다. 이 권리는 보통 신탁관리단체(한국음악저작권협회, 함께하는 음악저작인협회, 한국음악실연자협회, 한국음반산업협회)에서 통합해서 관리하고 있다. 유튜버는 결국 이들 협회의 이용허락을 받아야 하지만 음악을 사용할 때마다 매번 이용 허락을 받기도 쉽지 않다.

한국음악저작권협회와 유튜브는 2010년 '음악저작권 보호 협약'을 체결했다. 그 내용은 "유튜브 사용자가 음저협이 관리하는 음악을 사용한 영상을 업로드하여도 법적 책임을 묻지 않고 사용을 허락하되, 영상에 광고가 붙어 수익이 발생하면 그 수익을 음저협이 가져가 회원인 저작권자에게 분배한다"는 것이다. 이는 유튜브의 저작권 정책이 반영된 내용으로 저작권자가 자기 저작물의 사용을 허락하는 대신 그 저작물이 사용된 영상에서 발생하는 수익을 얻는다는 것이다.

간편하게 저작권 침해 문제와 수익 배분 문제를 동시에 해결하는 방법으로 보이지만 유투버는 음악을 어떻게, 얼마나 사용하는지에 관계없이 단지 사용했다는 사실만으로 영상에서 발생할 수 있는 광고 수익이 감소한다. 다양한 종류의 영상 안에서 음악이 사용되는 시간과 차지하는 비중 및 미치는 효과는 모두 다르다. 유튜브 채널의 주제에 따라 음악의 용도는 다르다. 음악을 소개하고 평가하는 유튜브 채널의 경우 영상에서 음악이 차지하는 비중이 높지만, 경제 · 시사 유튜브 채널에 10초 정도 배경음악을 사용하는 경우도 있다. 음악이 주요한 내용이 되는지 단순히 배경음악이 되는지를 고려하지 않고 광고 수익이 줄어드는 문제가 발생할 수 있다.

‖ 제2절 ‖ 데이터베이스 제작자 등의 권리

Ⅰ. 데이터베이스 제작자

1. 데이터베이스 제작자의 보호

(1) 편집물과 데이터베이스의 차이

"편집물"은 저작물이나 부호 · 문자 · 음 · 영상 그 밖의 형태의 자료(이하 "소재"라 한다)의 집합물을 말하며, 데이터베이스를 포함한다. "편집저작물"은 편집물로서 그 소재의 선택 · 배열 또는 구성에 창작성이 있는 것을 말한다. "데이터베이스"는 소재를 체계적으로 배열 또는 구성한 편집물로서 개별적으로 그 소재에 접근하거나 그 소재를 검색할 수 있도록 한 것을 말한다. "데이터베이스 제작자"는 데이터베이스의 제작 또는 그 소재의 갱신 · 검증 또는 보충(이하 "갱신 등"이라 한다)에 인적 또는 물적으로 상당한 투자를 한 자를 말한다.

▌Ex ▌ 편집앨범도 저작권자의 허락을 받아야 함

저작권자가 자신의 저작재산권 중 복제 · 배포권의 처분권한까지 음반제작자에게 부여하였다거나, 또는 음반제작자로 하여금 저작인접물인 음반 이외에 저작권자의 저작물에 대하여까지 이용허락을 할 수 있는 권한이나 저작물의 이용권을 제3자에게 양도할 수 있는 권한을 부여하였다는 등의 특별한 사정이 인정되지 않는 한, 음반제작자에 의하여 제작된 원반 등 저작인접물에 수록된 내용 중 일부씩을 발췌하여 이른바 '편집앨범'을 제작하고

자 하는 자는 그 음반제작자의 저작인접물에 대한 이용허락 이외에 저작권자로부터도 음악저작물에 대한 이용허락을 얻어야 한다. [대법원 2006.7.13. 선고 2004다10756 판결(채무부존재확인)]

(2) 데이터베이스 보호 이유

편집저작물의 요건으로서 창작성을 갖추지 못한 경우는 저작권법의 보호대상이 아니다. 예외적으로 소재의 선택, 배열 또는 구성에 창작성이 있는 데이터베이스는 보호를 하게 된다. 즉 투자를 보호하게 되는 것이다. 조선왕조실록을 번역하여 데이터베이스로 구축하는 경우에 데이터베이스로 보호할 수 있다.

(3) 데이터베이스 제작자의 권리

저작권법 제93조(데이터베이스제작자의 권리) ① 데이터베이스제작자는 그의 데이터베이스의 전부 또는 상당한 부분을 복제 · 배포 · 방송 또는 전송(이하 이 조에서 "복제등"이라 한다)할 권리를 가진다.

② 데이터베이스의 개별 소재는 제1항의 규정에 따른 해당 데이터베이스의 상당한 부분으로 간주되지 아니한다. 다만 데이터베이스의 개별 소재 또는 그 상당한 부분에 이르지 못하는 부분의 복제 등이라 하더라도 반복적이거나 특정한 목적을 위하여 체계적으로 함으로써 해당 데이터베이스의 통상적인 이용과 충돌하거나 데이터베이스제작자의 이익을 부당하게 해치는 경우에는 해당 데이터베이스의 상당한 부분의 복제 등으로 본다.

③ 이 장에 따른 보호는 데이터베이스의 구성부분이 되는 소재의 저작권 그 밖에 이 법에 따라 보호되는 권리에 영향을 미치지 아니한다.

④ 이 장에 따른 보호는 데이터베이스의 구성부분이 되는 소재 그 자체에는 미치지 아니한다.

(4) 데이터베이스 보호기간

저작권법 제95조(보호기간) ① 데이터베이스제작자의 권리는 데이터베이스의 제작을 완료한 때부터 발생하며, 그 다음 해부터 기산하여 5년간 존속한다.

② 데이터베이스의 갱신 등을 위하여 인적 또는 물적으로 상당한 투자가 이루어진 경우에 해당 부분에 대한 데이터베이스제작자의 권리는 그 갱신 등을 한 때부터 발생하며, 그 다음 해부터 기산하여 5년간 존속한다.

II. 콘텐츠제작자의 보호(콘텐츠산업진흥법)

1. 콘텐츠제작자

"콘텐츠"란 부호 · 문자 · 도형 · 색채 · 음성 · 음향 · 이미지 및 영상 등(이들의 복합체를 포함한다)의 자료 또는 정보를 말한다. "콘텐츠제작"이란 창작 · 기획 · 개발 · 생산 등을 통하여 콘텐츠를 만드는 것을 말하며, 이를 전자적인 형태로 변환하거나 처리하는 것을 포함한다. "콘텐츠제작자"란 콘텐츠의 제작에 있어 그 과정의 전체를 기획하고 책임을 지는 자(이 자로부터 적법하게 그 지위를 양수한 자를 포함한다)를 말한다. "콘텐츠사업자"란 콘텐츠의 제작 · 유통 등과 관련된 경제활동을 영위하는 자를 말한다.

2. 콘텐츠제작자 영업이익의 보호

콘텐츠산업진흥법 제37조(금지행위 등) ① 누구든지 정당한 권한 없이 콘텐츠제작자가 상당한 노력으로 제작하여 대통령령으로 정하는 방법에 따라 콘텐츠 또는 그 포장에 제작연월일, 제작자명 및 이 법에 따라 보호받는다는 사실을 표시한 콘텐츠의 전부 또는 상당한 부분을 복제 · 배포 · 방송 또는 전송함으로써 콘텐츠제작자의 영업에 관한 이익을 침해하여서는 아니 된다. 다만 콘텐츠를 최초로 제작한 날부터 5년이 지났을 때에는 그러하지 아니하다.

② 누구든지 정당한 권한 없이 콘텐츠제작자나 그로부터 허락을 받은 자가 제1항 본문의 침해행위를 효과적으로 방지하기 위하여 콘텐츠에 적용한 기술적 보호조치를 회피 · 제거 또는 변경(이하 "무력화"라 한다)하는 것을 주된 목적으로 하는 기술 · 서비스 · 장치 또는 그 주요 부품을 제공 · 수입 · 제조 · 양도 · 대여 또는 전송하거나 이를 양도 · 대여하기 위하여 전시하는 행위를 하여서는 아니 된다. 다만 기술적 보호조치의 연구 · 개발을 위하여 기술적 보호조치를 무력화하는 장치 또는 부품을 제조하는 경우에는 그러하지 아니하다.

‖ 제3절 ‖ 출판권

1. 저작물의 출판

(1) 출판의 정의

저작권법상 출판이란 저작물을 인쇄 그 밖의 이와 유사한 방법으로 문서(文書) 또는 도화(圖畵)로 발행하는 것을 말한다. 따라서 CD-ROM 등과 같은 전자출판물은 저작권법상 출판물이 아니다.

(2) 출판 계약의 유형

저작물을 출판하기 위해서는 계약을 체결해야 하는데, 이것이 바로 출판계약이다. 이러한 출판계약은 그것의 법적 효과에 따라 세 가지 유형으로 나뉜다.

첫째, 출판권설정계약이다. 이 계약은 작가가 일정 기간 출판사에 저작물을 출판할 권리, 즉 작품을 인쇄 형태로 복제 및 배포할 권리를 설정하는 계약이다. 출판권을 설정한 이후 작가는 그 계약 기간에 그 저작물을 제3의 출판사에 출판하도록 허락할 수 없다. 출판권을 설정한 저작물이 제3의 출판사 등에 의해서 무단 출판되었을 때 설정받은 출판사는 침해자를 상대로 직접 법적 구제 조치를 할 수 있다.

둘째, 독점출판허락계약이다. 이 계약은 작가가 출판사에게 일정 기간 저작물의 출판을 독점적으로 허락하는 계약이다. 저작권자는 출판사에 독점 출판할 권능을 부여하였기 때문에 계약 기간에는 독점 허락한 저작물을 제3의 출판사에 출판하도록 허락할 수 없다. 만약 계약에 반하여 이미 독점 허락한 저작물을 제3의 출판사에 출판 허락하는 때에는 계약 위반에 따른 손해배상책임을 지게 된다.

이 계약은 독점 허락한 저작물이 제3의 출판사 등에 의해서 무단으로 출판되었을 때에 작가가 법적 구제 조치를 취할 수 있다는 점에서 출판권설정계약과 다르다. 다만 저작물의 침해가 발생하였는데도 작가가 구제 조처를 하지 않음으로써 출판사에 계속된 손해가 발생하는 경우 출판사는 작가를 대신하여 침해의 정지나 손해배상을 청구할 수 있다.

셋째는 단순출판허락계약이다. 이 계약은 작가가 저작물의 비배타적 이용을 허락하는 계약이다. 이 계약의 특성은 앞에서 언급한 두 계약의 유형과는 달리 작가가 언제든지 다른 출판사에도 저작물의 출판을 중복으로 허락할 수 있다는 점이다. 또한, 출판을 허락한 저작물이 침해를 당했을 때에도 작가만이 법적 구제 조처를 할 수 있다.

이 계약은 주로 간행물 등에 소량의 저작물을 수록할 때 많이 이용된다. 간행물 등의 특성상 대부분 1회의 발행으로 끝나기 때문이다. 특별한 약정 없이 간행물 등에 수록된 저작물은 1회에 한정하여 이용을 허락한 것으로 보기 때문에 잡지사 등이 그 글이나 저작물을 다시 이용할 때에는 작가의 허락을 받아야 한다.

(3) 출판권자의 의무

특별계약 없이 출판계약을 체결한 경우, 출판사는 원고를 받은 날로부터 9월 이내에 출판하여야 한다. 또한 이미 저작물을 출판한 때에는 절판되지 않도록 계속 출판하여야 한다. 또한 출판사는 복제권자를 표시하지 않는다는 특별계약 없이 출판계약을 체결한 경우 복제권자의 표지(標識)를 해야 한다. 복제권자의 표지 방법은 외국저작물의 경우에 복제권자의 성명과 맨 처음 발행연도를, 그리고 국내 저작물의 경우에 복제권자의 성명, 맨 처음 발행연도, 복제권자의 검인을 표시해야 한다.

(4) 기 타

계약의 존속 기간에 대하여 특별한 약정을 하지 않고 출판계약을 체결한 경우 동 계약은 맨 처음 출판한 날로부터 3년간 존속하는 것으로 본다. 출판계약이 종료한 이후 계약 기간에 만들어진 복제출판물이 남은 경우에 출판사는 계약의 종료 이후에 재고분을 처분할 수 있다는 특별계약을 하였거나 그 재고분에 대하여 대가를 지급한 경우에 한하여 재고분을 배포할 수 있다. 출판권자는 허락받은 조건 및 범위 안에서 저작물을 출판하여야 한다. 그리고 저작권자의 동의가 없는 한 출판권을 제3자에게 양도하지 못하며, 또한 제3자에게 저작물을 이용하도록 허락할 수도 없다.

2. 출판과 저작권

(1) 출판권의 설정

출판권 설정 제도는 출판하는 자가 제3자에 대하여 권리침해를 주장하여 구제를 받을 수 있는 제도이다. 출판권자는 원작을 있는 그대로 복제 · 배포할 수 있는 배타적인 권리를 부여받는다. 따라서 원작에 대한 복제 및 배포권 침해가 있을 경우, 출판권자는 독자적으로 침해자에게 금지청구권이나 손해배상청구권을 행사할 수 있다.

▌Ex▐ 전략 삼국지 사건

출판권은 저작물을 복제·배포할 권리를 가진 자와의 설정행위에서 정하는 바에 따라 저작물을 원작 그대로 출판하는 것을 그 내용으로 하는 권리인 바, 제3자가 출판권자의 허락 없이 원작의 전부 또는 상당 부분과 동일성 있는 작품을 출판하는 때에는 출판권 침해가 성립된다 할 것이지만, 원작과의 동일성을 손상하는 정도로 원작을 변경하여 출판하는 때에는 저작자의 2차적 저작물작성권 침해에 해당할지언정 출판권자의 출판권 침해는 성립되지 않는다. [대법원 2005.9.9. 선고 2003다47782 판결(저작권침해정지)]

▌Ex▐ 당나귀 귀 프랑스어 원작소설 출판 사건

독점적 번역출판권은 독점적으로 원저작물을 번역하여 출판하는 것을 내용으로 하는 채권적 권리이므로, 제3자가 작성한 저작물이 원저작물의 번역물이라고 볼 수 없는 때에는 독점적 번역출판권자가 저작권자를 대위하여 그 제3자를 상대로 침해정지 등을 구할 보전의 필요성이 있다고 할 수 없다. [대법원 2007.3.29. 선고 2005다44138 판결(저작권침해정지 등)]

‖제4절‖ 영상저작물의 특례

1. 영상저작물의 특례

"영상저작물"은 연속적인 영상(음의 수반여부는 가리지 아니한다)이 수록된 창작물로서 그 영상을 기계 또는 전자장치에 의하여 재생하여 볼 수 있거나 보고 들을 수 있는 것을 말한다.

| Ex | 음란한 내용이 담긴 영상저작물도 저작권법상의 저작물로 보호

저작권법의 보호대상이 되는 저작물이라 함은 위 열거된 보호를 받지 못하는 저작물에 속하지 아니하면서도 인간의 정신적 노력으로 얻어진 사상 또는 감정을 말, 문자, 음, 색 등에 의하여 구체적으로 외부에 표현한 것으로서 '창작적인 표현형식'을 담고 있으면 충분하고, 그 표현된 내용 즉 사상 또는 감정 그 자체의 윤리성 여하는 문제 되지 아니한다고 할 것이므로, 설령 그 내용 중에 부도덕하거나 위법한 부분이 포함되어 있다 하더라도 저작권법상 저작물로 보호된다고 할 것이다. [대법원 2015.6.11. 선고 2011도10872 판결(저작권법위반)]

저작권법 제99조(저작물의 영상화) ① 저작재산권자가 저작물의 영상화를 다른 사람에게 허락한 경우에 특별계약이 없는 때에는 다음 각 호의 권리를 포함하여 허락한 것으로 추정한다.

1. 영상저작물을 제작하기 위하여 저작물을 각색하는 것
2. 공개상영을 목적으로 한 영상저작물을 공개상영하는 것
3. 방송을 목적으로 한 영상저작물을 방송하는 것
4. 전송을 목적으로 한 영상저작물을 전송하는 것
5. 영상저작물을 그 본래의 목적으로 복제 · 배포하는 것
6. 영상저작물의 번역물을 그 영상저작물과 같은 방법으로 이용하는 것.

영상화를 허락하였다면 결과물의 통상적인 이용에 대하여는 미리 양해했다고 보는 것이다.

2. 영상저작물에 대한 권리

저작권법 제100조(영상저작물에 대한 권리) ① 영상제작자와 영상저작물의 제작에 협력할 것을 약정한 자가 그 영상저작물에 대하여 저작권을 취득한 경우 특약이 없으면 그 영상저작물의 이용을 위하여 필요한 권리는 영상제작자가 이를 양도받은 것으로 추정한다.

영상제작자가 이용을 위하여 필요한 권리는 양도받은 것으로 추정한다.

▌EX▐ 영화상영을 목적으로 제작된 영상저작물 중에서 특정 배우들의 실연장면만을 모아 가라오케용 엘디(LD)음반을 제작하는 것은, 그 영상제작물을 본래의 창작물로써 이용하는 것이 아니라 별개의 새로운 영상저작물을 제작하는 데 이용하는 것에 해당하므로, 영화배우들의 실연을 이와 같은 방법으로 엘디음반에 녹화하는 권리는 영상제작자에게 양도되는 권리의 범위에 속하지 아니한다. [대법원 1997.6.10. 선고 96도2856 판결(저작권법위반)]

‖ 제5절 ‖ 저작권 집중관리제도

1. 저작권 집중관리제도

"저작권신탁관리업"은 저작재산권자, 배타적 발행권자, 출판권자, 저작인접권자 또는 데이터베이스 제작자의 권리를 가진 자를 위하여 그 권리를 신탁받아 이를 지속해서 관리하는 업을 말하며, 저작물 등의 이용과 관련하여 포괄적으로 대리하는 경우를 포함한다. "저작권대리중개업"은 저작재산권자, 배타적 발행권자, 출판권자, 저작인접권자 또는 데이터베이스 제작자의 권리를 가진 자를 위하여 그 권리의 이용에 관한 대리 또는 중개행위를 하는 업을 말한다.

▌Ex▐ 가수 서태지의 신탁 해지

갑이 자신의 음악저작물에 관한 저작재산권을 신탁받은 을 협회에 병 등이 갑의 동의 없이 갑의 음악저작물 중 일부를 변경하여 노래를 만들고 이를 수록한 음반과 뮤직비디오 등을 제작·발표한 것에 대하여 음악저작물 사용허락을 하지 말고 방송금지 등 법적 조치를 하여 달라고 요청하였는데도, 을 협회가 법적 조치를 게을리한 채 오히려 음악저작물 사용을 허락하자 신탁계약 해지청구를 한 사안에서, 을 협회의 행위는 저작권의 신탁관리에 따른 제반 의무를 다하지 못한 경우에 해당하거나 갑과 을 협회 사이의 신뢰관계가 깨어져 더는 계약관계를 유지할 수 없는 경우에 해당하여 신탁계약의 해지사유가 발생하였다고 본 원심판단을 정당하다고 한 사례. [대법원 2012.7.12. 선고 2010다1272 판결(저작권사용료)]

2. 저작권 집중관리단체의 장단점

저작자에게 저작권료를 원스톱으로 징수하여 배분한다는 장점도 있지만 불투명하게 운영되어 투명한 분배가 되지 못하는 점도 지적된다.

저작권집중관리의 장점은 첫째, 권리자는 집중관리단체에 자신의 권리를 위탁함으로써 저작재산권을 효율적으로 관리할 수 있으며 창작활동에 전념하고 저작물 이용 활성화를 도모한다. 둘째, 이용자의 측면에서는 일일이 정보를 찾아 개별적으로 교섭하여 이용허락을 받아서 사용료를 지급하고 많은 시간을 들이는 것보다 저작권관리단체에 의하여 집중관리 되면 더욱 활발하게 저작물을 이용해서 2차적 저작물의 작성 또한 늘어나게 된다. 셋째, 국제적 측면에서 개별 국가의 저작권관리단체가 상호 관리계약을 통해 관리함으로써 권리자의 권리를 대신 처리함으로써 효율적 관리와 외국의 이용자들은 저작권집중관리단체를 통하여 권리관계 등 정보를 쉽게 파악할 수 있으며, 개별적 교섭에서부터 시간, 비용 등을 줄일 수 있다.

단점은 저작권관리신탁관리업의 사실상의 독점체제에서 오는 권리남용 등 운영상의 부조리가 발생할 수 있다. 징수액 분배지연 문제, 운영상의 문제, 투명하지 못한 분배의 공정성이 문제 될 수 있다.

제6절 퍼블리시티권(The Right of Publicity)

1. 초상권

초상권은 헌법 제10조의 '행복추구권'과 제17조의 '사생활의 비밀과 자유'에서 비롯되는 인격권으로서 "사람의 얼굴, 또는 모습을 그 본인의 의사에 반하여 촬영 혹은 공표당하거나 영리적으로 이용당하지 아니할 권리이며, 또한 이러한 이용 행위를 금지할 권리"로 정의할 수 있다. 우리 법원도 "사람은 누구나 자신의 얼굴 기타 사회 통념상 특정인임을 식별할 수 있는 신체적 특징에 관하여 함부로 촬영 또는 그림 묘사되거나 공표되지 아니하며 영리적으로 이용당하지 않을 권리를 가지는데, 이러한 초상권은 우리 헌법 제10조 제1문에 의하여 헌법적으로도 보장되고 있는 권리이다(대법원 2006.10.13. 선고, 2004다16280 판결). 또한 헌법 제10조(행복추구권)는 헌법 제17조(사생활의 자유)와 함께 사생활의 비밀과 자유를 보장하는데, 이에 따라 개인은 사생활 활동이 타인으로부터 침해되거나 사생활이 함부로 공개되지 아니할 소극적인 권리는 물론, 오늘날 고도로 정보화된 현대사회에서 자신에 대한 정보를 자율적으로 통제할 수 있는 적극적인 권리도 가진다"라고 판시[2]한 바 있다.

일반적으로 사인(私人)의 경우는 초상권 보호가 두터운 편이고, 스포츠맨 · 연예인 등 공인(公人)들의 초상권 보호는 엷은 편이다. 이미 알려진 공인들은 비영리 목적을 위한 초상의 이용에 대하여 수인해야 하기 때문이다. 따라서 공인들의 초상은 영리 목적으로 이용하지 않는 한 초상권 침해가 성립되지 않는다.[3]

2. 퍼블리시티권

오늘날 영미에서는 초상권을 순수한 인격적 권리로서 초상권과 재산적 권리로서의 초상권을 구분하여, 전자를 초상권이라 하고 후자를 퍼블리시티권(right of publicity)이라 한다. 퍼블리시티권이란 스포츠맨 · 연예인 그 밖의 공인 등과 같이 유명인의 얼굴, 성

2) 대법원 1998.7.24. 선고 96다42789 판결.

3) 공인들의 초상을 비영리 목적으로 이용할 수 있을지라도 그러한 이용이 공인에 대한 명예 훼손을 가져오는 때에는 법적 책임을 피할 수 없다.

명, 목소리, 이력 등을 광고 등 영리 목적으로 이용하는 것을 금지할 권리로서, 초상을 경제적으로 이용하는 것을 금지할 권리를 말한다.

퍼블리시티권이란 유명인이 자신의 성명이나 초상, 서명 등이 갖는 재산적 가치를 독점적, 배타적으로 지배하는 권리이다. 영화배우, 탤런트, 운동선수 등 유명인의 성명이나 초상을 사용하여 선전하거나 이것들을 상품 등에 부착하여 판매하는 경우가 증가하고 있다.

영화나 TV 드라마 등에 출연하는 배우 등이 오랫동안 특정한 극 중 역할을 맡음에 따라 그만의 독특한 이미지를 형성하게 되어 해당 인물이 연상될 수 있는 캐릭터를 제작하여 상업적으로 이용할 때에는 퍼블리시티권 침해 문제가 발생할 수 있다.

퍼블리시티권의 인정 여부에 대하여는 아직도 논란이 있지만, 본래의 공개 및 이용허락의 취지에 반하여 기업이 영리 목적으로 사진을 함부로 이용하는 것은 해당 연예인의 자기 정보에 대한 통제권 및 초상과 성명이 영리적으로 이용당하지 않을 권리를 정면으로 침해하는 위법한 행위가 될 가능성이 크다. 연예인 사진의 경우에는 퍼블리시티권 침해와는 별도로 해당 연예인을 촬영한 사진에 대한 사진저작권 문제가 발생할 수 있음에 유의해야 한다. 통상적으로 사진을 촬영한 자에게 저작권이 귀속하므로, 이용자 본인이 직접 촬영한 사진을 이용하지 않는 이상, 초상 이용에 대한 허락과는 별도로 사진저작권자에게도 사진저작물 이용에 대한 허락을 받아야 할 것이다.

최근 우리 법원도 일반 사인(私人)의 초상을 동의 없이 이용했을 때에는 초상권 침해를, 스포츠맨이나 연예인 등 유명인의 초상을 동의 없이 영리 목적으로 이용하였을 때는 퍼블리시티권 침해를 인정하는 추세에 있다.

3. 퍼블리시티권의 보호

퍼블리시티권이란 유명인이 자신의 성명이나 초상, 서명 등이 갖는 재산적 가치를 독점적, 배타적으로 지배하는 권리이다. 영화배우, 탤런트, 운동선수 등 유명인의 성명이나 초상을 사용하여 선전하거나 이것들을 상품 등에 부착하여 판매하는 경우가 증가하고 있다. '수지 모자', '싸이 인형' 사건처럼 유명인의 성명이나 초상 등을 당사자의 동의 없이 매체에 광고용으로 사용한 업체들을 대상으로 퍼블리시티권 침해에 대한 손해배상 소송이 제기되고 있다.

Ex 퍼블리시티권을 인정하지 않은 사례: 우리나라에서도 근래에 이르러 연예, 스포츠 산업 및 광고산업의 급격한 발달로 유명인의 성명이나 초상 등을 광고에 이용하게 됨으로써 그에 따른 분쟁이 적지 않게 일어나고 있으므로 이를 규율하기 위하여 이른바 퍼블리시티권(Right of Publicity)이라는 새로운 권리 개념을 인정할 필요성은 수긍할 수 있으나, 성문법주의를 취하고 있는 우리나라에서 법률, 조약 등 실정법이나 확립된 관습법 등의 근거 없이 필요성이 있다는 사정만으로 물권과 유사한 독점·배타적 재산권인 퍼블리시티권을 인정하기는 어렵다고 할 것이며, 퍼블리시티권의 성립요건, 양도·상속성, 보호대상과 존속기간, 침해가 있는 경우의 구제수단 등을 구체적으로 규정하는 법률적인 근거가 마련되어야만 비로소 퍼블리시티권을 인정할 수 있을 것이다. [서울고등법원 2002.4.16. 선고 2000나42061 판결: 상고취하(표장사용금지 등)]

Ex 성명 초상권을 근거로 하여 인정한 사례: 갑 주식회사가 스마트폰 등 통신기기 이용자들이 얼굴을 촬영하여 입력하면 닮은꼴 연예인을 찾아 주는 애플리케이션을 개발하여 이용자들에게 무료로 배포함으로써 인터넷에 공개된 연예인 등의 사진과 성명을 사용한 사안에서, 갑 회사가 무단으로 위 애플리케이션을 통해 을 등의 사진과 성명을 사용한 행위는 위법하므로, 갑 회사는 을 등에게 위자료를 지급할 의무가 있다고 한 사례. [서울고등법원 2014.4.3. 선고 2013나2022827 판결: 상고(손해배상(기))]

4. 퍼블리시티권의 인정 사례

❙ Ex ❙ 사망한 이효석의 초상, 성명 등을 문화상품권에 기재한 사안

퍼블리시티권은 인격권보다는 재산권에 가까운 점, 퍼블리시티권에 관하여는 그 성질상 민법상의 명예훼손이나 프라이버시에 대한 권리를 유추 적용하는 것보다는 상표법이나 저작권법의 규정을 유추 적용함이 상당한데 이러한 상표권이나 저작권은 상속 가능한 점, 상속성을 부정하는 경우 사망이라는 우연적 요소에 의하여 그 재산적 가치가 크게 좌우되므로 부당한 결과를 가져올 우려가 큰 점 등에 비추어 상속성을 인정함이 상당하다. [서울동부지방법원 2006.12.21. 선고 2006가합6780 판결: 확정(손해배상(기) 등)]

❙ Ex ❙ 프로야구 선수의 퍼블리시티권 인정 사례

유명 프로야구 선수들의 허락을 받지 아니하고 그 성명을 사용한 게임물을 제작하여 상업적으로 이동통신회사에 제공한 것은 위 프로야구 선수들의 성명권 및 퍼블리시티권을 침해한 것으로 불법행위에 해당한다고 한 사례. [서울중앙지방법원 2006.4.19. 선고 2005가합80450 판결: 항소(성명사용금지 등)]

5. 퍼블리시티권의 부정 사례

❙Ex❙ 연예인으로 활동하는 갑 등이 인터넷 포털 사이트를 운영하는 을 주식회사가 제공하는 키워드 검색광고 서비스를 통하여 광고주들이 갑 등의 성명과 상품명 등을 조합한 문구를 키워드로 이용함으로써 갑 등의 퍼블리시티권 또는 성명권이 침해되었다는 이유로 을 회사를 상대로 손해배상 등을 구한 사안에서, 퍼블리시티권을 인정할 수 없다. [서울서부지방법원 2014.7.24. 선고 2013가합32048 판결: 항소(손해배상청구)]

6. 드라마 이미지 차용한 경우의 불법행위 인정

❙Ex❙ 갑 주식회사가 자신이 운영하는 홈페이지에서 한국방송공사와 을 방송사가 방영한 "겨울연가", "황진이", "대장금", "주몽" 등 제호하에 위 드라마가 연상되는 의상, 소품, 모습, 배경 등으로 꾸민 "HELLO KITTY" 제품을 제조·판매한 사안에서, 제반 사정에 비추어 갑 회사가 드라마를 이용한 상품화 사업 분야에서 경쟁자 관계에 있는 한국방송공사 등의 상당한 노력과 투자에 편승하여 각 드라마의 명성과 고객흡인력을 자신의 영업을 위하여 무단으로 이용하여 법률상 보호할 가치가 있는 한국방송공사 등의 해당 드라마에 관한 상품화 사업을 통한 영업상 이익을 침해하였다고 보아, 갑 회사의 제조·판매 행위는 부정한 경쟁행위로서 민법상 불법행위에 해당한다고 한 사례. [대법원 2012.3.29. 선고 2010다20044 판결(손해배상(기))]

7. 생존 인물의 평전 작성 시 동의 필요 여부

공적 인물이라고 평가되는 유명인의 평전을 기술하는 경우 그 모델이 되는 자의 허락은 필요하지 않으며, 평전의 성질상 그의 저서를 인용하거나 그의 사진을 게재하는 것이 가능하다. 그러나 공적 인물의 성명과 사진 이용이 공적 인물이 수인하여야 할 정도를 넘어서서 성명권과 초상권을 침해하는 정도로 과다하거나 부적절하게 이용되거나 모델이 된 자의 명예를 훼손하는 경우에는, 사생활침해 혹은 퍼블리시티권 및 명예훼손 문제가 제기될 가능성이 있다.

8. 공적 인물의 소설 이미지를 차용한 경우

Ex "소설 이휘소"와 "무궁화 꽃이 피었습니다"는 핵물리학자인 이휘소를 모델로 한 소설로서 이휘소에 대하여 전반에 걸쳐 매우 긍정적으로 묘사하고 있어, 소설을 읽는 우리나라 독자들로 하여금 이휘소에 대하여 존경과 흠모의 정을 불러일으킨다고 할 것이어서, 우리 사회에서 이휘소의 명예가 더욱 높아졌다고도 볼 수 있으므로, 소설의 전체 내용에 비추어 사회 통념상 이휘소의 명예가 훼손되었다고 볼 수도 없으며 작가들에게 이휘소의 명예를 훼손시키려는 의사가 있었다고 볼 수도 없다. 또한, 이휘소는 뛰어난 물리학자로서 우리나라 국민에게 많은 본보기가 될 수 있는 사람으로서 공적 인물이 되었다고 할 것인데, 이러한 경우 이휘소와 유족들은 그들의 생활상이 공표되는 것을 어느 정도 수인하여야 할 것이므로, 이휘소나 유족들의 인격권 또는 프라이버시가 침해되었다고 볼 수도 없다. [서울중앙지방법원 1995.6.23. 선고 94카합9230 판결: 항소(출판등금지가처분)]

9. 이미테이션 가수(짝퉁 가수)의 불법행위 여부

피고인 1이 모자와 선글라스 등으로 가수 박상민의 외모와 유사하게 치장하고, 소위 립싱크 방식으로 노래를 부른 행위는 혼동 발생 판단의 자료로 평가함이 상당한 점 등을 고려하여 성명 이외에 가수 박상민의 외양 등은 부정경쟁방지법에서 말하는 영업표지에 해당하지 않는다고 판단하였다. [대법원 2009.1.30. 선고 2008도5897 판결(부정경쟁방지및영업비밀보호에관한법률위반)]

CHAPTER 6

인터넷과 저작권

Ⅰ. 인터넷과 저작권의 관계

1. 인터넷을 통한 다운로드

인터넷에서 타인의 저작물을 다운로드 하여 디지털 파일로 저장하는 것은 저작권법상 복제에 해당한다. 수많은 사람들이 궁금해 하는 것으로 동영상이나 사진을 다운로드 하는 행위는 모두 다 처벌되는가? 사적 복제 규정에 따라 공표된 저작물을 영리를 목적으로 하지 않고 개인적으로 이용하거나 가정 및 이에 준하는 한정된 범위에서는 허용된다. 다만 이를 다른 사람에게 전송이나 공중송신하게 되면 저작권침해가 된다. 공유 폴더에 올리는 행위도 저작권 침해가 될 수 있다.

예를 들어 인터넷 동영상 강의를 일부분이라도 자기가 다른 사람에게 보내주는 것은 저작권 침해가 된다. SNS에 소설을 올려놓는 것도 저작권 침해가 될 수 있다. 토렌트는 복제와 전송이 되므로 저작권 침해가 된다.

2. 인터넷 쇼핑몰의 사진 및 댓글의 저작권

인터넷 쇼핑몰의 사진을 그대로 퍼오는 것은 저작권 침해가 된다. 인터넷 사이트의 댓글이나 다른 사람의 의견을 그대로 퍼오는 것도 저작권 침해가 될 수 있다. 다만 댓글 중에 창작성이 없어 저작물로 보호되지 못하는 경우는 저작권 침해가 되지 않는다. 다른 사람이 올려놓은 글이나 재미있는 사진도 허락 없이 그대로 퍼오면 저작권 침해가 될 가능성이 있다.

3. 인터넷 홈페이지의 제작과 저작권

인터넷 홈페이지 제작 시 사진은 자신이 저작권을 보유한 사진으로 제작함이 원칙이다. 홈페이지를 직접 제작하는 경우도 있지만, 외부업체에 위탁하여 제작하는 경우 외부업체가 불법 저작물을 이용한 경우 저작권 침해에 대한 책임은 누가 지는가? 홈페이지 제작을 의뢰한 기업이 타인의 저작권을 침해한 저작물이 이용되고 있었음을 알지 못한 때에는 형사책임은 면책될 수 있다. 이 경우 저작권 침해에 대한 형사책임의 대상은 타인의 저작물을 무단으로 직접 이용한 외부업체가 될 것이다. 이에 따라 계약의 방식을 점검해야 한다. 또한 외부업체가 저작권을 가지고 있는 사진을 우리 홈페이지에 이용하였다고 하여 그 사진에 대하여 우리가 저작권을 가지게 되는 것이 아니다. A 기업이 홈페이지를 제작의뢰한 B 업체가 홈페이지를 제작하면서 C 사진 저작권은 B 업체가 가지고 있다. 이 경우 C 사진 저작권이 A 기업에 이전되는 것이 아니다. 홈페이지 제작 시 폰트 프로그램의 제작업체들이 폰트 프로그램의 무단이용 시 저작권 침해가 된다.

Ex 서체파일이 컴퓨터프로그램에 해당한다고 판단하여 신청인과 피신청인의 서체파일의 소스코드가 동일하다면 피신청인의 서체파일은 신청인의 서체파일에 의존하여 작성된 것으로 추정되므로 프로그램저작권 침해를 인정함이 상당하다고 한 사례. [대법원 2001.6.29. 선고 99다23246 판결(저작권침해금지가처분)]

4. 인터넷과 링크

단순 링크(Simple Link)는 웹 사이트의 이름과 URL만 게시하는 방식이다. 심층 링크(Deep Link)는 저작물의 이름이나 간략한 정보만을 제시하고 그 저작물이 존재하는 세부적인 페이지에 바로 연결하는 경우에는, 직접적으로 저작물을 복제하거나 전송하는 것으로 볼 수 없으므로 저작권 침해에 해당하지 않는다. 프레임 링크(Frame Link)는 즉 자신의 홈페이지 화면을 둘 이상의 영역으로 나누어, 다른 웹 사이트의 자료가 자신의 홈페이지의 다른 프레임에서 보이도록 하는 방식인 경우에는, 이에 대하여 직접적으로 저작권 침해를 인정하지는 않았으나, 저작권 침해와 마찬가지로 볼 수 있는 불법행위에 해당한다고 판시한 사례가 존재한다.

임베디드 링크(Embedded Link)는 어떤 웹 사이트에 접속했을 때 자동으로 음악 등이 흘러나오도록 하는 것처럼 이용자가 자신의 웹 사이트에서 링크가 자동적으로 실행되도록 하는 경우에도 국내외에서 위법인지 논쟁 중이다.

5. 인터넷 사이트와 음악 듣기

인터넷 사이트에서 음악을 링크를 통하여 들려 주도록 하는 것은 저작권 침해가 되지 않는다.

그러나 인터넷 사이트에서 음악을 다운로드 할 수 있도록 하는 것은 저작권 침해 행위가 된다. 대법원은 기존에 "링크는 인터넷에서 링크하고자 하는 웹페이지 등의 위치 정보나 경로를 나타낸 것에 불과하므로, 링크 행위는 저작권 침해행위의 실행 자체를 용이하게 하는 방조행위로 볼 수 없다"는 입장을 취해 왔다(대법원

2015.3.12. 선고 2012도13748 판결). 대법원은 기존 대법원 판례를 변경하여 링크 행위에 대하여 저작권침해 방조를 인정하는 전원합의체 판결을 선고하였다(대법원 2021.9.9. 선고 2017도19025 전원합의체 판결).

▌Ex▐ 소리바다 서비스를 운영하여 그 이용자들로 하여금 구 저작권법상 복제권의 침해행위를 할 수 있도록 한 것은 그 방조범에 해당한다고 한 사례. [대법원 2007.12.14. 선고 2005도872 판결(저작권법위반)]

정당한 대가를 주고 자기 블로그에서 음악을 들을 수 있도록 하는 것은 가능하다.

▌Ex▐ 네이버 블로그 배경 음악, 카카오 스토리 배경음악 등

6. 자기 기사의 이용과 인터넷 링크

자기를 인터뷰한 기사나 취재 영상을 신문사나 방송국의 이용허락 없이 게재하면 저작권 침해가 된다. 저작권법상 저작자는 저작물을 창작한 자로 본인이 인터뷰에 응하였더라도 기자가 이를 자신이 정리하여 글로써 창작성 있게 표현한 경우에는 기사의 저작권자는 기사를 작성한 사람이다. 다만 인터뷰 기사작성이 단순히 인터뷰 대상이 하는 말을 그대로 받아 적은 것에 불과한 경우에는, 인터뷰에 응한 본인이 이러한 인터뷰 기사의 저작권자가 될 수 있다. 본인을 촬영한 영상일지라도 영상물의 이용을 위해 필요한 권리는 영상저작물의 제작에 있어 그 전체를 기획하고 책임을 지는 자인 영상제작자가 양도받은 것으로 추정된다. 해당 취재 영상

이 별도의 편집과정 등을 거쳐 방송되는 등 영상저작물로의 창작성을 가지고 있는 경우라면, 이를 이용하기 위해서는 영상제작자의 이용허락이 필요하다.

▌Ex▐ 원고 MBC는 '모기와의 전쟁'이라는 제목의 뉴스 동영상을 제작하여 방송하였고, 피고는 해충 퇴치기 판매업 등을 목적으로 설립된 회사로서 그 홍보를 위하여 '모기 퇴치 코리아'라는 인터넷 홈페이지를 개설하여 운영하면서 위 동영상을 홈페이지에 게시하였다. 법원은 이에 대하여 위 뉴스 동영상은 단순한 사실의 전달에 불과한 시사 보도에 불과한 것이 아니라, 고유한 표현으로 재구성하고 전문적인 기술로써 연속적인 영상으로 촬영하고 편집한 영상저작물에 해당한다고 보았고, 따라서 피고의 이러한 행위는 영상저작물 저작권 침해에 해당한다. (서울고등법원 2012.6.13. 선고 2011나52200 판결)

이에 따라 자기가 나온 기사나 영상은 이를 링크를 이용하여서 게시하여야 한다.

II. 온라인서비스제공자의 책임

1. 온라인서비스제공자

"온라인서비스제공자"(Online Service Provider: OSP)란 다음 각 목의 어느 하나에 해당하는 자이다.

가. 이용자가 선택한 저작물 등을 그 내용의 수정 없이 이용자가 지정한 지점 사이에서 정보통신망을 통하여 전달하기 위하여

송신하거나 경로를 지정하거나 연결을 제공하는 자

| Ex | KT, SK 인터넷 등

나. 이용자들이 정보통신망에 접속하거나 정보통신망을 통하여 저작물 등을 복제 · 전송할 수 있도록 서비스를 제공하거나 그를 위한 설비를 제공 또는 운영하는 자

| Ex | 네이버, 다음, 구글 등

2. 온라인서비스제공자의 책임 제한

온라인서비스제공자는 저작권, 그 밖에 이 법에 따라 보호되는 권리가 침해되더라도 요건을 모두 갖춘 경우에는 그 침해에 대하여 책임을 지지 아니한다. 온라인서비스제공자는 직접적으로 저작권 침해를 한 것이 아닐 뿐만 아니라 수많은 이용자의 게시물을 일일이 감시하는 것이 현실적으로 불가능하여서, 저작권법은 일정한 요건하에서 온라인서비스제공자의 책임을 면책하도록 한다.

온라인서비스제공자가 타인의 저작물이 불법으로 복제 · 전송된다는 사실을 알게 되어, 이를 방지하거나 중단시킨 경우에는 저작권 침해에 대한 온라인서비스제공자의 책임을 면제할 수 있도록 하고 있고, 불법 복제 · 전송을 방지하거나 중단시키고자 하였으나 그것이 기술적으로 불가능한 경우에는 그 책임을 면제하도록 규정하고 있다.

저작권자는 자신의 저작물이 불법으로 복제 · 전송되고 있는 경우 온라인서비스제공자에게 그러한 저작물의 복제 및 전송의 중

단을 요구할 수 있는데, 이러한 요청을 받은 온라인서비스제공자는 즉시 그 저작물 등의 복제·전송을 중단시키고 그 사실을 침해자와 권리자에게 통보해야 한다. 이처럼 저작권자의 요청으로 그 저작물 등의 복제·전송을 중단시키거나 재개시킨 경우 역시 온라인서비스제공자의 책임은 면제된다.

▌Ex▐ 미쳤어 사건: 어린아이의 저작권을 침해하지 않는 노래 동영상을 네이버가 무단으로 중단시킨 것에 대한 손해배상 책임 인정

3. 정보 제공 요청 가능

저작권자는 소송을 위하여 저작권 침해자의 정보를 합법적으로 요청할 수 있다.

저작권법 제103조의3(복제·전송자에 관한 정보 제공의 청구) ① 권리주장자가 민사상의 소제기 및 형사상의 고소를 위하여 해당 온라인서비스제공자에게 그 온라인서비스제공자가 가지고 있는 해당 복제·전송자의 성명과 주소 등 필요한 최소한의 정보 제공을 요청하였으나 온라인서비스제공자가 이를 거절한 경우 권리주장자는 문화체육관광부장관에게 해당 온라인서비스제공자에 대하여 그 정보의 제공을 명령하여 줄 것을 청구할 수 있다

4. 특수한 유형의 온라인서비스제공자

특수한 유형의 온라인서비스제공자란 공중이 저작물 등을 공유할 수 있도록 웹 사이트 또는 프로그램을 제공하여 다른 사람들 상호 간에 컴퓨터를 이용하여 직접 저작물 등을 전송하도록 하는

것을 주된 목적으로 하는 서비스를 제공하는 사업자를 말한다. 주로 웹하드 업체이다.

특수한 유형의 온라인서비스제공자는 권리자의 요청이 있는 경우 해당 저작물 등의 불법적인 전송을 차단하는 기술적인 조치 등 필요한 조치를 하여야 한다. 그렇지 않은 경우에는 저작권 침해에 대한 법적 책임이 면제되지 않는다. 온라인서비스 제공자가 고의로 저작권 침해 방조 시 책임을 인정한다.

▌Ex▐ 각 사이트에서 불특정 다수의 사이트 이용자들에 의하여 저작재산권자의 동의를 얻지 않은 영화 파일들의 업로드 및 다운로드가 이루어진 사실, 피고인들은 이 사건 각 사이트의 실질적인 운영자로서 위 각 사이트의 운영방식과 이용실태 등을 모두 인식하고 있었음에도 사이트 이용자들에게 영화 파일의 업로드를 유인하거나 다운로드를 용이하게 해주고, 이를 통해 이익을 얻은 사실 등을 인정한 다음, 각 사이트 이용자들의 복제권・전송권 침해행위를 용이하게 하여 이를 방조하였고, 그에 대한 고의가 있음을 인정 [대법원 2013.9.26. 선고 2011도1435 판결(저작권법위반(인정된 죄명: 저작권법위반방조))]

5. 기술적 보호 조치

기술적 보호조치란 다음 각 목의 어느 하나에 해당하는 조치를 말한다.

가. 접근통제조치: 저작권, 그 밖에 이 법에 따라 보호되는 권리의 행사와 관련하여 이 법에 따라 보호되는 저작물 등에 대한 접근을 효과적으로 방지하거나 억제하기 위하여 그 권리자나 권리자의 동의를 받은 자가 적용하는 기술적 조치

나. 이용통제조치: 저작권, 그 밖에 이 법에 따라 보호되는 권리에 대한 침해 행위를 효과적으로 방지하거나 억제하기 위하여 그 권리자나 권리자의 동의를 받은 자가 적용하는 기술적 조치로 암호화, 워터마크, 필터링 등이 있다.

접근통제조치는 저작권 등을 구성하는 복제 · 배포 · 공연 등 개별 권리에 대한 침해행위 그 자체를 직접적으로 방지하거나 억제하는 것은 아니지만, 저작물이 수록된 매체에 대한 접근 또는 그 매체의 재생 · 작동 등을 통한 저작물의 내용에 대한 접근 등을 방지하거나 억제함으로써 저작권 등을 보호하는 조치를 의미하고, 이용통제조치는 저작권 등을 구성하는 개별 권리에 대한 침해행위 그 자체를 직접적으로 방지하거나 억제하는 보호조치를 의미한다고 할 것이다. 여기서 문제 되는 보호조치가 둘 중 어느 쪽에 해당하는지를 결정함에 있어서는, 저작권은 하나의 단일한 권리가 아니라 복제권, 배포권, 공연권 등 여러 권리의 집합체로서 이들 권리는 각각 별개의 권리이므로 이 각각의 권리를 기준으로 개별적으로 판단하여야 한다. [대법원 2015.7.9. 선고 2015도3352 판결(부정경쟁방지 및 영업비밀보호에 관한 법률위반(영업비밀누설 등) · 저작권법위반)]

▌Ex ▌ 인터넷 포털사이트의 책임

갑이 인터넷 포털사이트를 운영하는 을 주식회사를 상대로 을 회사 사이트의 회원들이 갑이 제작한 동영상을 위 사이트에 개설된 인터넷 카페에 무단으로 게시하여 갑의 저작권을 침해하는데도 을 회사가 게시물의 삭제와 차단 등 적절한 조치를 취할 의무를 이행하지 않는다며 부작위에 의한 방조에 따른 공동불법행위책임을 물은 사안에서, 갑이 을 회사에 회원들의 저작권 침해행위를 알리고 이에 대한 조치를 촉구하는 요청서를 보냈으나 그 요청서에 동영상을 찾기 위한 검색어와 동영상이 업로드된 위 사이트 내 카페의 대표주

소만을 기재하였을 뿐 동영상이 게시된 인터넷 주소(URL)나 게시물의 제목 등을 구체적 · 개별적으로 특정하지는 않은 점 등 여러 사정에 비추어 보면, 갑이 을 회사에 동영상의 저작권을 침해하는 게시물에 대하여 구체적 · 개별적으로 삭제와 차단 요구를 한 것으로 보기 어렵고, 달리 을 회사가 게시물이 게시된 사정을 구체적으로 인식하고 있었다고 볼 만한 사정을 찾을 수 없으며, 을 회사는 갑이 제공한 검색어 등으로 검색되는 게시물이 갑의 저작권을 침해한 것인지 명확히 알기 어려웠고, 그와 같은 저작권 침해 게시물에 대하여 기술적 · 경제적으로 관리 · 통제할 수 있었다고 보기도 어려우므로, 을 회사가 위 동영상에 관한 갑의 저작권을 침해하는 게시물을 삭제하고 을 회사의 사이트에 유사한 내용의 게시물이 게시되지 않도록 차단하는 등의 조치를 취할 의무를 부담한다고 보기 어렵다고 한 사례. [대법원 2019.2.28. 선고 2016다271608 판결 (손해배상)]

6. 기술적 보호 조치의 무력화 금지

저작권법 제104조의2(기술적 보호 조치의 무력화 금지) ① 누구든지 정당한 권한 없이 고의 또는 과실로 제2조 제28호 가목의 기술적 보호조치를 제거 · 변경하거나 우회하는 등의 방법으로 무력화하여서는 아니 된다.

7. 저작권 보호 조치

암호화된 방송 신호의 무력화 등의 금지, 라벨 위조 등 금지, 영상저작물 녹화 등의 금지로 누구든지 저작권으로 보호되는 영상저작물을 상영 중인 영화상영관 등에서 저작재산권자의 허락 없이 녹화기기를 이용하여 녹화하거나 공중송신하여서는 아니 된다.

“영화상영관 등”이란 영화상영관, 시사회장, 그 밖에 공중에게 영상저작물을 상영하는 장소로서 상영자에 의하여 입장이 통제되는 장소를 말한다.

CHAPTER 7

저작권침해의 요건 및 판단 기준

‖ 제1절 ‖ 저작재산권 침해와 요건

Ⅰ. 저작권 침해

1. 저작권 침해의 요건

음악저작물 저작권 침해와 관련하여 “8마디가 똑같으면 표절인가라는 질문이 많다. 가사는 몇 마디 정도 똑같이 하면 표절이나 저작권 침해이냐는 질문을 사람들이 많이 한다. 이하에서는 저작권 침해 판단을 알아본다.

저작물을 그대로 복제하면 저작권 침해가 된다. 저작권(저작재산권)침해의 요건과 관련하여 저작권침해가 인정되기 위하여서는 우선 첫째로 저작권침해를 주장하는 자(원고)가 해당 저작물에 대하여 유효한 저작권을 가지고 있을 것, 둘째로 주관적 요건으로서 침해자의 저작물이 원고의 저작물에 ‘의거’(依據: access)하여 그것을 이용하였을 것, 셋째로 객관적 요건으로서 침해자의 저작물이 원고의 저작물과 동일성 내지는 종속성(실질적 유사성)을 가지고 있을 것 등 세 가지 요건이다.[1)]

보통 의거는 시간관계의 선후로 판단한다. 2001년에 발행된 책과 2005년에 발행된 책은 2005년에 발행된 책이 2001년 책을 이용했을 가능성이 크다. 이에 따라 문제 되는 영역은 실질적 유사성 판단으로 저작권 침해를 판단하게 된다.

---

1) 오승종, “저작재산권침해에 있어서 실질적 유사성 요건과 그 판단 기준”, 비교사법 1(2), 한국비교사법학회, 2003.6, 451면.

2. 저작권 침해와 표절의 차이

'표절'이라는 용어에 대해 명백한 정의가 있는 것은 아니다. 표절은 타인의 저작물을 마치 자신이 창작한 것인 것처럼 전용하는 행위이다. 예를 들면 ① 타인의 저작물을 적법하게 이용하였지만, 인용표시를 하지 않는 행위 ② 타인의 저작물 또는 저작물 일부를 인용의 목적에 맞지 아니하게 자신이 한 것인 것처럼 표시하는 행위 ③ 2차적 저작물이 되기 위해 요구되는 창작의 정도에 이르지 아니하는 저작물을 새로운 창작물인 것처럼 표시하는 행위 등이다.

표절은 타인의 저작물을 자신이 창작한 것처럼 속였다는 도덕적 비난이 강하게 내포한다. 저작권 침해는 창작적인 표현을 비교대상으로 하여, 침해저작물이 피침해 저작물을 보고 베꼈다는 의거성이 인정되고, 두 저작물의 창작적인 표현이 동일하거나 실질적으로 유사할 경우에 성립한다. 방송 포맷을 베끼는 경우 아이디어를 베끼는 것으로 표절이라고 비난할 수 있지만, 저작권을 침해하는 것은 아니다.

II. 저작권 침해의 법적 구제

1. 저작권 침해 행위에 대한 법적 구제

저작권을 침해당한 저작(권)자는 민사 및 형사 구제 조치를 할 수 있다.

민사 구제는 고의(故意) 또는 과실(過失)에 의해서 저작권을 침해한 자를 상대로 손해 배상을 청구하거나 침해의 정지 등을 청구할 수 있는 구제 수단을 말한다.

형사 구제는 피해자가 수사기관에 침해자를 소추(訴追)해 달라고 요구하는 구제 수단이다. 일반적으로 저작권 침해죄는 피해자의 고소가 있어야 소추할 수 있는 친고죄이지만, 영리를 위하여 상습적(습관적)으로 저작권을 침해하는 범죄에 대해서는 비친고죄로 처벌한다. 저작권을 침해한 자는 5년 이하의 징역이나 5천만 원 이하의 벌금, 또는 이를 병과한 처벌을 받지만(법 제136조 1항), 일반적으로 인신을 구속하는 징역형이나 금고형보다는 인신을 구속하지 않는 벌금형이 선고되는 경우가 대부분이다.

그 밖에 저작권 분쟁 해결 방법에는 저작권위원회에 분쟁조정을 신청하는 제도가 있다. 저작권분쟁조정제도는 분쟁당사자 사이의 분규와 쟁의를 절충하거나 타협하여 합의에 이르도록 하는 것을 말한다. 분쟁조정신청은 저작권자나 저작권침해자 모두 가능하다.

2. 민사상 조치

(1) 침해 정지 청구

저작권자는 그 권리를 침해하는 자에 대하여 침해의 정지를 청구할 수 있다.

저작권법 제124조(침해로 보는 행위) ① 다음 각 호의 어느 하나에 해당하는 행위는 저작권 그 밖에 이 법에 따라 보호되는 권리의 침해로 본다.

1. 수입 시에 대한민국 내에서 만들어졌더라면 저작권 그 밖에 이 법에 따라 보호되는 권리의 침해로 될 물건을 대한민국 내에

서 배포할 목적으로 수입하는 행위

2. 저작권 그 밖에 이 법에 따라 보호되는 권리를 침해하는 행위에 의하여 만들어진 물건(제1호의 수입물건을 포함한다)을 그 사실을 알고 배포할 목적으로 소지하는 행위

3. 프로그램의 저작권을 침해하여 만들어진 프로그램의 복제물(제1호에 따른 수입 물건을 포함한다)을 그 사실을 알면서 취득한 자가 이를 업무상 이용하는 행위.

(2) 법정손해배상의 청구

저작재산권자 등은 고의 또는 과실로 권리를 침해한 자에 대하여 사실심(事實審)의 변론이 종결되기 전에는 실제 손해액이나 제125조 또는 제126조에 따라 정하여지는 손해액을 갈음하여 침해된 각 저작물 등마다 1천만 원(영리를 목적으로 고의로 권리를 침해한 경우에는 5천만 원) 이하의 범위에서 상당한 금액의 배상을 청구할 수 있다.

3. 형사상 조치

저작권보호를 위한 대표적인 방법이 저작권침해에 대한 형사처벌이다. 우리나라도 형사처벌 규정을 두어 저작자의 권리를 강하게 보호하고 있다. 현행 저작권법 제136조 제1항에 의하면 저작재산권, 그 밖에 저작권법에 따라 보호되는 재산적 권리(단 데이터베이스 제작자의 권리는 제외)를 복제, 공연, 공중송신, 전시, 배포, 대여, 2차적 저작물 작성의 방법으로 침해한 자 등은 5년 이하의 징역 또는 5천만 원 이하의 벌금에 처해지며, 징역형과 벌금형은 병과가 가능하다.

최근에는 저작권법위반에 대한 처벌 규정에 대해서 많은 비판적인 의견이 제기되고 있다. 그 이유는, 현행법상 저작권침해행위가 있으면 피해 정도를 불문하고 저작권침해죄가 성립하게 되는데, 이를 이용하여 저작권자가 사소한 침해행위에 대해서 고소를 하고 그 실질적인 피해에 비하여 터무니없을 정도의 과도한 금액을 합의금으로 지급할 것을 가해자에게 요구함으로써 부당한 이익을 챙긴다는 것이다. 이러한 고소는 연간 수만 건에 달하여 이를 처리하기 위해서 검찰과 경찰의 업무가 마비되고, 법원의 재판업무에 지장을 가져오기도 한다. 나아가 저작권에 대한 이해가 부족한 청소년마저 범법자로 만드는 바람직하지 않은 일이 흔히 일어나고 있다.[2)]

Ⅲ. 저작인격권 침해 사례

1. 성명표시권 침해 여부

▍Ex ▍ 하늘색 꿈 사건

갑 주식회사가 운영하는 음악 사이트에서 을이 작곡한 음악저작물에 관하여 MP3 파일 다운로드, 미리 듣기 등의 서비스를 제공하면서 작곡자의 성명을 표시하지 않고 가사보기 서비스에서만 작곡자의 성명을 다른 사람으로 잘못 표시한 사안에서, 이는 모두 을의 성명표시권을 침해한 것이다. [대법원 2012.1.12. 선고 2010다57497 판결(손해배상)]

2) 이동형, "저작권 침해에 대한 형사처벌조항의 검토: 저작권법 제136조 제1항의 개정방안을 중심으로", 법학연구 58(1), 부산대학교 법학연구소, 2017.2, 253면.

▍Ex▍ 초등학교 교과서 사건
문교부가 위 산문의 지은이를 가공의 이름인 황정아로 표시한 이유가 교육정책상의 목적에 있었다 하더라도 이러한 사정만으로는 저작자에게 전속되는 창작자임을 주장할 수 있는 귀속권을 침해하는 정당한 사유가 되지 아니한다. [대법원 1989.10.24. 선고 88다카29269 판결(손해배상(기))]

2. 동일성 유지권 침해 여부

▍Ex▍ 음악저작물을 노래반주기용 반주곡으로 제작하면서 일부분의 선율을 변경하고, 원곡과 다른 코러스, 랩, 의성어 등을 삽입하기는 하였으나, 그러한 변경만으로는 음악저작물을 노래반주기에 이용할 때 일반적으로 통용되는 범위를 초과하여 이 사건 음악저작물을 변경하였다고 보기 어려워 음악저작물의 동일성유지권을 침해한 것이 아니다. [대법원 2015.4.9. 선고 2011다101148 판결(손해배상)]

▍Ex▍ 망인인 이광수의 허락을 받지 아니하고 그의 소설을 다소 수정한 내용을 실은 도서를 출판 · 판매하였으나, 수정한 내용이 주로 해방 후 맞춤법 표기법이 바뀜에 따라 오기를 고치거나 일본식 표현을 우리말 표현으로 고친 것으로서, 망인 스스로 또는 그 작품의 출판권을 가진 출판사에서 원작을 수정한 내용과 별로 다르지 않다면 그 수정행위의 성질 및 정도로 보아 사회 통념상 저작자의 명예를 훼손한 것으로 볼 수 없어 저작자 사망 후의 저작인격권(저작물의 동일성 유지권) 침해가 되지 아니한다고 본 사례. [대법원 1994.9.30. 선고 94다7980 판결(손해배상(지))]

‖ 제2절 ‖ 저작재산권 침해 사례

Ⅰ. 어문 저작물

1. 소설 저작권 침해 사례

소설 등에 있어서 추상적인 인물의 유형 혹은 어떤 주제를 다루는 데 있어 전형적으로 수반되는 사건이나 배경 등은 저작권의 보호 대상이 아니다.

▌Ex ▌ 텐산산맥 카레이스키 사건

연해주 이민 한인들의 애환과 생활상을 그린 소설 '텐산산맥'과 드라마 '카레이스키' 사이에 '카레이스키'의 제작시점에 그 연출가가 '텐산산맥'의 존재를 이미 알고 있어서 저작권 침해의 의거 관계는 추정되나 '카레이스키'는 '텐산산맥'과 완연히 그 예술성과 창작성을 달리하는 별개의 작품으로 실질적 유사성은 인정되지 않는다는 이유로 드라마 '카레이스키'가 소설 '텐산산맥'의 저작권을 침해하였다고 볼 수 없다고 한 사례. [대법원 2000.10.24. 선고 99다10813 판결(손해배상(기))]

▌Ex ▌ 바람의 나라, 태왕사신기 사건

만화 "바람의 나라"와 드라마 "태왕사신기"의 시놉시스는 고구려라는 역사적 배경, 사신, 부도, 신시라는 신화적 소재, 영토 확장이나 국가적 이상의 추구라는 주제 등 아이디어의 영역에 속하는 요소를 공통으로 할 뿐, 그 등장인물이나 주변인물과의 관계 설정, 사건 전개 등 저작권에 의하여 보호받는 창작적인 표현형식에 있어서는 만화와 드라마 시놉시스 사이에 내재하는 예술의 존재양식 및 표현기법의 차이를 고려하더라도 실질적으로 유사하지 아니하므로, 위 시놉시스에 의해 위 만화 저작자의 저작권이 침해되었다고 볼 수 없다고 한 사례. [서울중앙지방법원 2007.7.13. 선고 2006나16757 판결: 확정(손해배상(지))]

2. 번역 저작권 침해 사례

저작물의 저작권 침해 판단에 있어서 양자의 창작적인 부분만을 대비하여 침해를 판단한다.

▌Ex ▌ 프랑스 소설 번역 사건

번역저작물의 창작성은, 원저작물을 언어체계가 다른 나라의 언어로 표현하기 위한 적절한 어휘와 구문의 선택 및 배열, 문장의 장단 및 서술의 순서, 원저작물에 대한 충실도, 문체, 어조 및 어감의 조절 등 번역자의 창의와 정신적 노력이 깃든 부분에 있는 것이고, 그 번역저작물에 나타난 사건의 전개, 구체적인 줄거리, 등장인물의 성격과 상호관계, 배경설정 등은 경우에 따라 원저작물의 창작적 표현에 해당할 수 있음은 별론으로 하고 번역저작물의 창작적 표현이라 할 수 없으므로, 번역저작권의 침해 여부를 가리기 위하여 번역저작물과 대상 저작물 사이에 실질적 유사성이 있는가를 판단함에 있어서는 위와 같은 번역저작물의 창작적인 표현에 해당하는 것만을 가지고 대비하여야 한다. [대법원 2007.3.29. 선고 2005다44138 판결(저작권침해정지 등)]

창작적이지 않은 부분은 다른 사람이 이를 허락 없이 복제하더라도 저작권 침해가 되지 않는다.

▌Ex▐ 중문 서적 사건

45개 이야기에 해당하는 원심 판시 이 사건 중문 서적에 수록된 이야기들이 독창적인 저작물인지에 관하여 살펴본다. 이 사건 중문 서적에 수록된 이야기 중 2번째, 4번째, 7번째 및 28번째 이야기(이하 '2번째 등 이야기'라고 한다)는 원저작물의 일부 내용을 발췌하였을 뿐이고 그 표현 형식에서 저작자 스스로 정신적 노력의 산물이라고 할 만한 구체적인 표현을 가미하거나 수정한 내용이 거의 없어서 원저작물에 다소의 수정・증감을 가한 것에 불과하므로 독창적인 저작물이라고 볼 수 없다. 그럼에도 이 사건 중문 서적에 수록된 이야기 중 2번째 등 이야기가 창작성이 있는 독창적인 저작물에 해당한다고 판단한 원심판결에는 2차적 저작물의 창작성에 관한 법리를 오해한 위법이 있다. [대법원 2012.2.23. 선고 2010다66637 판결(저작권침해금지 등)]

3. 극본 저작권 침해 사례

저작권법이 보호하는 복제권이나 2차적 저작물 작성권 침해가 성립하기 위한 요건으로서 '의거 관계'가 인정되는지 판단한 사례이다.

▌Ex▐ 선덕여왕 사건

갑이, 을 방송사가 기획하고 병 등이 극본을 작성한 "선덕여왕"이라는 드라마가 갑이 뮤지컬 제작을 위한 대본으로 창작한 "The Rose of Sharon, 무궁화의 여왕 선덕"에 의거하여 제작・방송되었다고 주장하면서 을 방송사 등을 상대로 손해배상을 구한 사안에서, 을 방송사의 위 대본에 대한 접근 가능성이나 위 드라마와 대본 사이의 현저한 유사성이 인정되지 아니하므로 두 저작물 사이에 의거 관계가 있다고 할 수 없다고 한 사례. [대법원

2014.7.24. 선고 2013다8984 판결(손해배상 등)]

저작권법상 공연권 침해로 손해배상책임이 발생하기 위한 요건

▌Ex▐ 어린이뮤지컬 사건

갑이 을의 어린이 뮤지컬 극본 및 공연이 갑의 어린이 뮤지컬 극본과 실질적 유사성이 있다는 이유로 을을 상대로 저작권 침해를 원인으로 하여 손해배상을 구한 사안에서, 의거 관계나 을의 고의・과실에 관하여 제대로 심리・판단하라고 한 사례. [대법원 2014.9.25. 선고 2014다37491 판결(손해배상)]

▌Ex▐ 비보이를 사랑한 발레리나

피고인이 갑이 작성한 무언극 '비보이를 사랑한 발레리나' 시놉시스와 실질적으로 유사한 내용의 공연을 진행하였다고 하여 저작권법 위반으로 기소된 사안에서, 피고인이 2차적 저작물에 해당하는 갑의 시놉시스에 관한 저작재산권을 침해하였다는 취지의 원심판단을 수긍한 사례. [대법원 2011.5.13. 선고 2010도7234 판결(부정경쟁방지 및 영업비밀보호에 관한 법률위반・저작권법위반)]

4. 기사 저작권 침해 사례

'사실의 전달에 불과한 시사보도'를 저작권법의 보호대상에서 제외한 취지이다.

❙ Ex ❙ 일간 신문

일간신문의 편집국장이 연합뉴스사의 기사와 사진을 복제하여 신문에 게재한 사안에서, 복제한 기사와 사진 중 단순한 사실의 전달에 불과한 시사보도의 정도를 넘어선 것만을 가려내어 저작권법상 복제권 침해행위의 죄책을 인정해야 한다고 한 사례. [대법원 2006.9.14. 선고 2004도5350 판결(저작권법위반)]

저작권의 보호 대상 및 두 저작물 사이의 실질적 유사성 유무의 판단 기준은 다음과 같다.

❙ Ex ❙ 통신사 사건

이 사건 침해기사들은 일부 문장의 배열 순서 및 그 구체적인 표현 등에 있어 다소의 수정・증감이나 변경이 가하여진 것이라 하더라도, 그에 대응하는 원고의 기사 중 핵심적인 표현 부분을 그대로 전재하고 있을 뿐만 아니라, 전체적인 기사의 구성과 논조 등에 있어서 원고 기사의 창작적 특성이 감지되므로, 양 기사 사이에 실질적인 유사성이 있다 할 것이다. [대법원 2009.5.28. 선고 2007다354 판결(저작권침해금지 등)]

II. 시각적 저작물

1. 사진 저작물과 저작권 침해

(1) 타인의 사진을 그대로 이용한 경우

다른 사람의 사진을 그대로 저장하면 저작자를 알든 모르든 저작권 침해가 된다.

▌Ex▐ 홍보목적으로 인터넷 사이트에 게시된 프리랜서 사진작가의 풍경 사진 중 13장을 복제하여 이를 "내 저장함"이라는 디렉토리 내에 저장해 둔 경우, 저작권 침해행위에 해당한다고 한 사례. [서울중앙지방법원 2005.7.22. 선고 2005나3518 판결: 확정(손해배상(기))]

▌Ex▐ 여행사 종업원이 여행사 홈페이지에 사진을 게시할 당시 사진의 저작권자가 누구인지 몰랐다 하더라도 타인의 저작물을 영리를 위하여 마음대로 개시한다는 인식이 있었으므로 저작권 침해행위에 해당한 사례. [대법원 2006.2.24. 선고 2005도7673 판결(저작권법위반)]

▌Ex▐ 타인이 제작한 풍경 사진을 컴퓨터 바탕화면 제공업체로부터 회원자격으로 전송받아 복제한 다음 포털사이트 포토 앨범에 전송한 사안에서, 저작재산권 침해죄의 고의를 인정한 사례. [대법원 2008.10.9. 선고 2006도4334 판결(저작권법위반)]

(2) 사진 저작권 침해가 안 되는 경우

다른 사람의 사진을 이용하는 경우 창작성이 다르면 저작권 침해가 안 될 수 있다.

▌Ex▐ 솔섬 사건

영국 출신 사진작가 갑이 을에게 '솔섬' 사진 작품에 관한 국내 저작권 등을 양도하였는데, 병 주식회사가 '솔섬'을 배경으로 한 사진을 광고에 사용하자 을이 병 회사를 상대로 '솔섬' 사진의 저작권 침해를 이유로 손해배상을 구한 사안에서, 자연경관은 만인에게 공유되는 창작의 소재로서 촬영자가 피사체에 어떠한 변경을 가하는 것이 사실상 불가능하다는 점을 고려할 때 다양한 표현 가능성이 있다고 보기 어려우므로, 갑의 사진과 병 회사의 사진이 모두 같은 촬영지점에서 풍경을 표현하고 있어 전체적인 콘셉트(Concept) 등이 유사하다고 하더라도 그 자체만으로는 저작권의 보호대상이 된다고 보기 어렵고, 양 사진이 각기 다른 계절과 시각에 촬영된 것으로 보이는 점 등에 비추어 이를 실질적으로 유사하다고 할 수 없다고 한 사례. [서울중앙지방법원 2014.3.27. 선고 2013가합527718 판결: 항소(손해배상(기))]

▌Ex▐ 모발이식 사건

성형외과 병원 홈페이지에 게시한 모발이식 전후의 환자 사진과 온라인 상담내용은 모두 저작물성이 인정되지 않으나, 다른 성형외과 원장이 이를 무단으로 도용해 자신의 홈페이지에 게시한 것은 불법행위를 구성한다고 한 사례. [서울중앙지방법원 2007.6.21. 선고 2007가합16095 판결: 확정(손해배상(기))]

2. 미술 저작물 침해 사례

(1) 응용미술

응용미술 디자인도 저작권으로 보호된다.

▌Ex▐ 히딩크 넥타이 사건

일명 '히딩크 넥타이'의 도안이 우리 민족 전래의 태극문양 및 팔괘 문양을 상하 좌우 연속 반복한 넥타이 도안으로서 응용 미술작품의 일종이라면 위 도안은 '물품에 동일한 형상으로 복제될 수 있는 미술저작물'에 해당한다고 할 것이며, 또한 그 이용된 물품과 구분되어 독자성을 인정할 수 있는 것이라면 저작권법 제2조 제11의 2호에서 정하는 응용 미술저작물에 해당한다고 한 사례. [대법원 2004.7.22. 선고 2003도7572 판결(저작권법위반)]

전통문양도 저작권으로 보호되는 경우도 있다.

❙ Ex ❙ 도록 수록 도형

개인의 편저 또는 수집작인 민속도감이나 도록에 수록된 도형들은 비록 그 대상이 옛날부터 존재하던 우리나라 고유의 민속화나 전통문양이라 하더라도 그 소재의 선택 및 배열과 표현기법에 있어서 개인의 정신적 노력을 바탕으로 한 창작물이라 할 것이다. [대법원 1979.12.28. 선고 79도1482 판결(저작권법위반)]

(2) 동물 모양 저작권 침해 사례

가. 기아 자동차 호랑이 코 모양의 저작권 침해 여부 판단

❙ Ex ❙ 갑이 을 주식회사 등의 자동차 그릴 디자인이 갑의 스케치에 따라 작성되었다고 주장하면서 을 회사 등을 상대로 저작권침해금지 등을 구한 사안에서, 을 회사 등의 디자인들이 갑의 스케치에 따라 작성된 것으로 볼 수 없다고 한 원심판단을 정당하다고 한 사례. [대법원 2014.5.16. 선고 2012다55068 판결(저작권침해금지 및 손해배상 등)]

나. 여우 모양 저작권 보호

❙ Ex ❙ 갑 외국회사가 여우 모양 도안을 작성하여 갑 회사가 제조·판매하는 모토크로스, 산악자전거 등 물품에 표시하는 한편, 다른 곳에 부착할 수 있는 전사지나 스티커 형태로 제작하여 잠재적 수요자에게 배포하고, 카탈로그 등 홍보물과 인터넷 홈페이지 등에서 물품에 부착되지 않은 도안 자체만의 형태를 게재한 사안에서, 위 도안은 자연계에 존재하는 일반적인 여우의 머리와 구별되는 독특한 여우 머리로 도안화되었거나 이처럼 도안화된 여우 머리 형상을 포함하고 있어, 여기에는 창작자 나름의 정신적 노력의

소산으로서의 특성이 부여되어 있고 다른 저작자의 기존 작품과 구별될 수 있는 정도이므로, 저작권법에 의하여 보호되는 저작물의 요건으로서 창작성을 구비하였다. [대법원 2014.12.11. 선고 2012다76829 판결(저작권침해금지 등)]

결론적으로 이 사건 도안은 1995년 개정 저작권법이나 2000년 개정 저작권법에서의 응용미술저작물성의 적용 여부와 관계없이 도안 자체로 일반적인 순수 미술저작물로서만의 창작성을 인정받을 만한 것이며, 상표로서 알려지는 것과 관계없이 독창적으로 창작되어 저작권법상의 저작물로서의 창작성을 인정받을 수 있는 것이므로, 이와 같은 내용을 주된 판시 내용으로 반영한 대상판결은 타당한 판단이다.[3]

Ⅲ. 음악 저작물

1. 음악 저작물과 저작권 침해

(1) 샘플링의 경우

다른 사람의 음악을 이용허락 없이 그대로 쓰면 저작권 침해가 된다.

❙ Ex ❙ 다른 사람이 제작한 편집 음악 시디(CD)를 그대로 복제하여 판매한

3) 정태호, "동물 캐릭터 도안의 사례들을 통한 응용미술저작물과 순수 미술저작물의 경계에 관한 고찰: 대법원 2014.12.11. 선고 2012다76829 판결을 중심으로", 지식재산연구 10(2), 한국지식재산연구원, 2015.6, 156면.

행위는 저작권법 위반죄가 성립한다고 한 사례. [대법원 2009.6.25. 선고 2008도11985 판결(저작권법위반)]

샘플링(sampling)은 기존 작품의 일부를 발췌해 그대로 사용하거나, 가공을 거쳐 새로운 작품을 만드는 작곡 기법이다. 예를 들어 원더걸스 '텔미'의 '테테테테 텔~미' 부분이 미국 가수 스테이시 큐의 '투 오브 하츠'의 '아아아아 아이 니드'를 샘플링한 사례가 있다. 사람의 목소리나 악기 소리로 만들어진 각종 추임새와 효과음, 짧은 멜로디나 리듬 등 음악의 '재료'들이 담긴 정품 샘플CD를 구매하면, 그 속에 담긴 음원이나 소스는 아무런 제약이나 추가 비용 없이 임의대로 사용 가능하다. 다만 그렇지 않은 경우 아주 작은 일부라도 원곡의 저작권자에게 반드시 사용 허락(샘플 클리어런스)을 받아야 한다. 극도로 짧은 멜로디나 보컬 혹은 악기 소리, 추임새에 불과하더라도 사용료를 지급해야 하는데, 공동작곡가로 등록하거나 수익금을 나눠 갖는 방식 등으로 대가를 지불한다.

2. 음악 저작물의 저작권 침해 판단

(1) 음악저작물의 저작권 침해

음악저작물에 대한 저작권의 침해가 되기 위해서는 ① 피고가 원고의 저작물을 이용하였을 것, 즉 창작적 표현을 복제하였을 것, ② 피고가 원고의 저작물에 의거하여 이를 이용하였을 것, ③ 원고의 저작물과 피고의 저작물 사이에 실질적 유사성이 있을 것 등의 세 가지 요건이 충족해야 한다.

창작적 표현이라야 보호를 받을 수 있다.

| Ex | 아이유 썸데이-(애쉬 내 남자에게 표절)

원저작물이 전체적으로 볼 때에는 저작권법이 정한 창작물에 해당한다 하더라도 그 내용 중 창작성이 없는 표현 부분에 대해서는 원저작물에 관한 복제권 등의 효력이 미치지 않는다. 따라서 음악저작물에 대한 저작권침해 소송에서 원저작물 전체가 아니라 그중 일부가 상대방 저작물에 복제되었다고 다투어지는 경우에는 먼저 원저작물 중 침해 여부가 다투어지는 부분이 창작성 있는 표현에 해당하는지를 살펴보아야 한다. [대법원 2015.8.13. 선고 2013다14828 판결(손해배상)]

(2) 실질적 유사성 판단

실질적 유사성 여부를 판단함에 있어서는 해당 음악저작물을 누리는 수요자의 판단을 기준으로 한다. 표현에 있어서 가장 구체적이고 독창적인 형태로 표현되는 가락을 중심으로 하여 대비 부분의 리듬, 화성, 박자, 템포 등의 요소도 함께 종합적으로 고려하여야 하고, 각 대비 부분이 해당 음악저작물에서 차지하는 질적 · 양적 정도를 고려해야 한다.

| Ex | 판단 기준

음악저작물은 일반적으로 가락(melody), 리듬(rhythm), 화성(harmony)의 3가지 요소로 구성되고, 이 3가지 요소들이 일정한 질서에 따라 선택 · 배열됨으로써 음악적 구조를 이루게 된다. 따라서 음악저작물의 창작성 여부를 판단할 때에는 음악저작물의 표현에 있어서 가장 구체적이고 독창적인 형태로 표현되는 가락을 중심으로 하여 리듬, 화성 등의 요소를 종합적으로 고려하여 판단하여야 한다. [대법원 2015.8.13. 선고 2013다14828 판결(손해배상)]

▌Ex▐ MC 몽 너에게 쓰는 편지 사건

가수 MC몽이 린과 함께 가창한 '너에게 쓰는 편지'의 후렴구 8소절이 기존에 그룹 '더더'가 가창한 'It's you'의 후렴구 8소절을 표절 또는 일부 변형되어 이용됨으로써 성명표시권 및 동일성유지권이 침해되었다고 주장된 사안에서 전부터 널리 사용되어 오던 관용구(Cliche)가 아니어서 그 창작성을 인정할 수 있고, 원고의 곡이 피고의 곡보다 약 6년 전에 공표되었으며 원고의 곡을 타이틀곡으로 한 앨범이 10만 장 이상 판매되었고 상업 광고의 배경음악으로도 사용된 점 등에 비추어 볼 때 피고의 곡은 원고의 곡에 의거한 것으로 추정할 수 있고, 두 곡의 대비 부분의 가락, 화성 진행, 박자, 템포, 분위기가 동일・유사하며 그 대비 부분이 각 곡의 후렴구로서 여러 차례 반복되고 있어 각 곡의 수요자들이 전체 곡을 감상할 때 그 곡으로부터 받는 전체적인 느낌에서 중요한 역할을 담당하고 있다는 점 등을 이유로 피고가 자신의 곡을 작곡하면서 원고의 곡을 임의로 사용함으로써 원고의 저작인격권을 침해하였다고 보아 피고의 위자료 지급의무를 인정한 사례(인정금액: 1,000만 원) [수원지방법원 2006.10.20. 선고 2006가합8583 판결: 확정(손해배상(기))]

음악 저작권 침해 판단에서 가장 구체적이고 독창적인 형태로 표현되는 가락을 중심으로 하여 대비 부분의 리듬, 화성, 박자, 템포 등의 요소도 함께 종합적으로 고려하여야 하고, 각 대비 부분이 해당 음악저작물에서 차지하는 질적・양적 정도를 고려한다.

'4마디만 똑같으면 표절' 또는 '6마디 이상이 같으면 표절'이라는 공식은 있지 않다. 더 나아가 '6마디가 되지 않는 음악은 얼마든지 자유롭게 복제할 수 있다(six bar rule)'거나 '3마디는 괜찮다(three bar rule)'는 판단 기준도 없다. 미국 법원은 2에서 4마디 음으로만 구성된 음악도 저작물로 보호한다. 우리 법원은 음악에서 해당 소절이 차지하는 비중과 함께 수요자들이 전체 곡을 감상할 때 그 곡에서 받는 전체 느낌 등을 고려해 표절 여부를 판단한다.

다만 샘플링 하였거나 공동으로 작곡하였거나 미리 사용허락을 받은 경우도 있으므로 주의 깊게 저작권 침해 여부를 판단하여야 한다.

원고 음악저작물이 선행 음악저작물 사이에 어느 정도 동일·유사성이 인정될 때 원고 음악저작물의 창작성이 부정되고, 원고 음악저작물과 피고 음악저작물 사이에 어느 정도 동일·유사성이 인정될 때 실질적 유사성을 인정하는지에 관하여는 아직 확립된 기준이 없고, 이는 구체적인 사실관계에 따라 다르게 적용될 수 있을 것인바, 각 판례에서도 다소 다른 것으로 보이는 판단 기준을 적용하여 음악저작물의 창작성 및 실질적 유사성을 판단한 것으로 보인다.[4)]

현재 표절 논란에 대해 객관적인 판단을 할 수 있는 기관이나 기준이 없는 실정이며, 법원을 통해 '저작권침해 소송'이나 '손해배상청구 소송'으로 재산상의 손해에 대한 배상을 명목으로 표절 여부를 판단하는 것이 현재 유일한 수단이 되고 있다. 하지만 소송 절차는 표절 여부를 가리기 위해서 걸리는 시간이 긴 특성이 있다. 국내에는 음악저작물의 표절 여부에 관한 판단 기준이 명확하지 않고 저작권법과 문화체육관광부에서 제시한 가이드라인을 준용하고 있다.[5)]

---

4) 임상혁·방세희, "음악저작물 표절소송에 있어서 '창작성'과 '실질적 유사성' 판단 기준에 관한 판례의 비교연구," 법학평론 7, 서울대학교 법학평론 편집위원회, 2017.5, 123면.

5) 조진완·신미해·박아름·김영철, "음악저작물 표절 기준에 관한 고찰: 대중음악을 중심으로", 한국콘텐츠학회논문지 14(3), 한국콘텐츠학회, 2014. 3, 177면.

Ⅳ. 기타 저작물

1. 캐릭터와 저작권 침해

캐릭터는 만화, 텔레비전, 영화, 신문, 잡지 등 대중이 접하는 매체를 통하여 등장하는 인물, 동물 등의 형상과 명칭을 뜻하는 캐릭터의 경우 그 인물, 동물 등의 생김새, 동작 등의 시각적 표현에 작성자의 창조적 개성이 드러나 있으면 원저작물과 별개로 저작권법에 따라 보호되는 저작물이 될 수 있다. 캐릭터란 고유의 개성과 특성이 담긴 생명력을 가진 상징적 존재로서 상품화의 가치가 있는 것으로 간주하고 있다.[6)]

▌Ex▐ 야구 게임 캐릭터의 보호

게임물에 등장하는 캐릭터에 창작성이 인정되므로 원저작물인 게임물과 별개로 저작권법의 보호대상이 될 수 있고, 그 캐릭터에 관하여 상품화가 이루어졌는지는 저작권법에 따른 보호 여부를 판단함에 있어서 고려할 사항이 아니라고 한 사례. [대법원 2010.2.11. 선고 2007다63409 판결(저작권침해금지)]

▌Ex▐ 디즈니 달마시안

디즈니 만화영화 속의 달마시안과 실질적으로 유사한 개의 모양을 섬유 직물의 원단 등에 복제하여 판매한 행위가 저작재산권 침해행위에 해당된다고 한 사례. [대법원 2003.10.23. 선고 2002도446 판결(상표법위반(공소취

---

6) 조경숙, "캐릭터 도안(圖案)의 창작성 판단 기준: 저작권침해소송 판례를 중심으로", 복식 66(5), 한국복식학회, 2016.8, 33면.

소)·부정경쟁방지 및 영업비밀보호에 관한 법률위반(공소취소)·저작권법 위반)]

2. 게임의 저작권 침해

(1) 게임의 아이디어 보호

게임의 방식이나 아이디어 등은 저작권으로 보호되지 않는다. 추상적인 게임의 장르, 기본적인 게임의 배경, 게임의 전개방식, 규칙, 게임의 단계변화 등은 게임의 개념·방식·해법·창작도구로서 아이디어에 불과하다. 아이디어 자체는 저작권법에 따른 보호를 받을 수 없다. 아이디어를 게임화하는 데 있어 필수불가결하거나 공통적 또는 전형적으로 수반되는 표현 등은 저작권법에 따른 보호대상이 될 수 없다.

다만 전체로서의 실질적 유사성을 비교하여 판단한다. 게임저작물은 컴퓨터프로그램을 기반으로 하는 기능적 저작물이며, 여러 소재의 저작물이 유기적으로 결합하여 하나의 표현물을 이루고 있다는 점에서 여타의 저작물과 구별되는 특색이 있다. 즉, 게임저작물은 프로그램 저작물성과 영상 저작물성, 소재저작물의 집합 저작물성 및 이러한 구성요소들에 대한 복합 저작물성을 가진다. 게임의 일정한 "부분"에 있어 창작적 요소가 가미되어 저작권법으로 보호받을 수 있는 저작물성이 인정될 수 있고, 그 "전체"로서도 창작적 요소가 가미되어 저작권법으로 보호받을 수 있는 저작물성이 인정될 수 있다. 특정 저작물의 어느 요소는 어문저작물에 해당할 수 있고, 다른 어떤 요소는 음악저작물에 해당할 수도 있으며, 동시에 미술저작물에 해당할 수도 있다.[7)]

(2) 구성요소들의 선택, 조합, 전개, 구체화 등의 창작성 인정 여부와 구성요소 간의 실질적 유사성 판단 사례

▌Ex▐ 봄버맨 사건

직사각형의 플레이필드 안에서 폭탄을 이용하여 상대방 캐릭터를 죽이는 것을 기본원리로 하는 게임에서 게임의 각종 설정, 전개방식과 규칙 등을 전체로서 배열하고 선택하는 데 저작자의 다양한 표현의 여지가 없으므로 "봄버맨" 게임의 각종 설정, 전개방식, 규칙 등은 저작권법이 보호하는 내재적 표현으로 볼 수 없고, 이를 제외하고 저작권법상 보호받는 플레이필드, 맵, 캐릭터, 아이템, 폭탄 등의 구체적인 표현에 있어서 "크레이지 아케이드 비엔비" 게임과 "봄버맨" 게임이 실질적으로 유사하지 않다고 본 사례. [서울중앙지방법원 2007.1.17. 선고 2005가합65093 판결 : 항소(저작권침해금지청구권 등 부존재확인 · 저작권침해금지 등)]

▌Ex▐ 팜 히어로 사가 vs 포레스트 매니아

2015년 1심 판결은 아보카도엔터테인먼트 모바일게임 '포레스트 매니아'가 부정경쟁방지법상 부정경쟁행위로 킹 모바일게임 '팜히어로사가' 권리를 침해한 것으로 판결했다. 당시 재판부는 포레스트매니아가 팜히어로사가 저작권을 건드리지는 않았지만, 고유성과를 침해했다는 취지로 판결했다. 킹과 아보카도엔터테인먼트 간 게임 지식재산권을 둘러싼 소송은 부정경쟁행위를 적용한 첫 판결이라는 점에서 주목받았다. 부정경쟁방지법상 부정경쟁행위는 "타인의 상당한 투자나 노력으로 만들어진 성과 등을 공정한 상거래 관행이나 경쟁질서에 반하는 방법으로 자신의 영업을 위하며 무단으로 사용함으로써 타인의 경제적 이익을 침해하는 행위"다. 콘텐츠를 노골적

---

7) 김용섭, "게임저작물의 보호범위", 한양법학 42, 한양법학회, 2013.5, 325면.

으로 베끼지 않아도 권리를 침해한 것으로 판단하는 근거가 될 수 있다. 그러나 2심 재판부는 아보카도엔터테인먼트의 저작권침해와 부정경쟁행위 모두 인정하지 않았다. 모바일게임 '팜히어로사가'를 제작한 게임업체 킹닷컴이 이와 비슷한 게임인 '포레스트 매니아'를 만든 경쟁업체 아보카도를 상대로 낸 저작권침해금지 등 청구소송(2015나2063761)에서 원고일부승소 판결한 1심을 취소하고 원고패소 판결을 했다. 재판부는 "지식재산권에 의한 보호 대상이 되지 않는 아이디어 등 타인의 성과 이용은 원칙적으로 자유로운 영역"이라며 "설령 그것이 재산적 가치를 가진다고 하더라도 공정한 거래질서 및 자유로운 시장경제에 비춰 정당화될 수 없는 '특별한 사정'이 있는 경우를 제외하고는 자유로운 모방과 이용을 할 수 있다"고 했다.

대법원에서는 양 게임물이 실질적으로 유사하다고 볼 수 있다고 하여 원심판결을 파기환송하였다.

▌Ex▐ 게임물 저작권

매치-3-게임(match-3-game) 형식의 모바일 게임을 개발하여 출시한 갑 외국회사가 을 주식회사를 상대로, 을 회사가 출시한 모바일 게임이 갑 회사의 저작권을 침해한다는 이유로 침해행위 금지 등을 구한 사안에서, 갑 회사의 게임물은 개발자가 축적된 게임 개발 경험과 지식을 바탕으로 게임물의 성격에 비추어 필요하다고 판단된 요소들을 선택하여 나름대로의 제작 의도에 따라 배열·조합함으로써, 개별 구성요소의 창작성 인정 여부와 별개로 특정한 제작 의도와 시나리오에 따라 기술적으로 구현된 주요한 구성요소들이 선택·배열되고 유기적인 조합을 이루어 선행 게임물과 확연히 구별되는 창작적 개성을 갖추고 있으므로 저작물로서 보호 대상이 될 수 있고, 을 회사의 게임물은 갑 회사의 게임물 제작 의도와 시나리오가 기술적으로 구현된 주요한 구성요소들의 선택과 배열 및 유기적인 조합에 따른 창작적인 표현형식을 그대로 포함하고 있으므로, 양 게임물은 실질적으로 유사하다고 볼 수 있는데도, 이와 달리 본 원심판단에 법리오해 등의 잘못이 있다고 한 사례. [대법원 2019.6.27. 선고 2017다212095 판결 (저작권침해금지 등 청구의 소)]

Ⅴ. 저작권 침해 주장에 대한 항변 사유

저작권침해에 대한 항변사유 중 대표적인 것으로 다음과 같은 것이 있다.[8]

1. 사적 이용을 위한 복제

공표된 저작물을 영리를 목적으로 하지 아니하고 개인적으로 이용하거나 가정 및 이에 준하는 한정된 범위 안에서 이용하는 경우에는 그 이용자는 이를 복제할 수 있다. 다만 공중의 사용에 제공하기 위하여 설치된 복사기기 등에 의한 복제는 그러하지 아니하다. 이는 제30조에서 규정하고 있다. 그런데 법문에서는 복제의 범위와 부수와 관련된 내용을 규정하고 있지 않다.

2. 인 용

공표된 저작물은 보도 · 비평 · 교육 · 연구 등을 위하여, 정당한 범위 안에서 공정한 관행에 합치되게 이를 인용할 수 있다(제28

8) 계승균, "지식재산권 침해에 대한 민사상 구제방법에 관한 소고: 저작권을 중심으로", 동아법학 74, 동아대학교 법학연구소, 2017.2, 128면.

조). 이를 공표된 저작물의 인용이라고 부르고 있다. 적법한 인용에 해당되기 위해서는 인용하고 있는 저작물과 인용된 저작물이 명료하게 구별되고 인식되어야 할 것(명료 구별성), 두 저작물 사이에 즉 인용하고 있는 저작물과 인용된 저작물 사이에서 전자가 주된 역할, 후자가 종의 역할을 하여야 하며(주종관계성), 인용된 저작물 저작자의 저작인격권을 침해하지 않아야 하는 것 등이 요건이다.

3. 저작재산권 제한 사유

저작재산권의 개별적인 제한 사유에 해당하는 것도 항변사유에 해당된다(제23조부터 제37조). 제35조의5의 공정이용조항은 비교적 그 요건사실이 추상적이고 일반적인 내용이기는 하지만 분명히 규정되어 있다.

CHAPTER 8

소프트웨어와 스마트폰 애플리케이션

Ⅰ. 소프트웨어 저작권

1. 불법 복제 프로그램의 단속

불법으로 소프트웨어를 사용하는 경우는 보통 P2P 사이트를 통하여 소프트웨어를 불법으로 설치하여 사용하는 경우가 가장 많이 있다. 각 소프트웨어 제조사에는 불법 사용을 검사하는 팀이 대부분 내부에 존재한다. 검사된 정보를 갖고 지사별 또는 총판별로 계약된 법무법인을 통하여 내용증명 공문을 발송한다.

불법 복제 프로그램에 대한 단속은 검찰, 경찰 및 특별사법경찰권을 가진 수사기관에 의해 수행된다. 감사(Audit)는 특정 프로그램에 대한 라이선스 취득을 조건으로 이용자의 사전 동의에 따라 해당 프로그램의 개발사 또는 그로부터 적법하게 대리권을 받은 제3자에 의하여 행하여지는 감사를 말한다. 만약 단속이 있으면 우선 단속반의 PC 점검에 협조하고, 현재 보유하고 있는 정품 CD나 라이선스 또는 정품 구매 증빙서류인 세금계산서, 구매영수증 등을 단속반에게 제시한다. 불법 복제 프로그램 단속에 대비하여 합법적인 프로그램을 이용하여야 한다. 구매한 프로그램에 대해서도 체계적인 관리를 하여야 할 것이다.

단속이 마무리되면 소프트웨어 리스트를 대표이사, 전산담당자에게 보여 주며 정품 여부 확인을 한다. 전부 정품이면 상관없지만, 불법 사용된 부분이 있다면 제조사별로 통보하여 회신하며 해당 법무법인을 통하여 합의금 관련 내용을 회신받게 된다. 보통 단속 이후에는 정품 구매 후 합의 진행이 된다.

2. 프로그램의 개인적인 이용

집에서 정품 인증이 안 된 프로그램을 다운로드 하여 설치하면 저작권 침해인지에 관하여, 저작권자의 이용허락 없이 프로그램을 복제하는 것은 저작권 침해 행위에 해당한다. 저작권법은 영리를 목적으로 하지 않고, 가정과 같은 한정된 장소에서 개인적인 목적으로 프로그램을 복제하는 경우에는 저작재산권 행사가 제한된다. 다만 프로그램의 종류 · 용도, 프로그램에서 복제된 부분이 차지하는 비중 및 복제의 부수 등에 비추어 프로그램 저작재산권자의 이익을 부당하게 해치는 경우에는 그러하지 않다.

프로그램의 사적 복제에 대하여는 일반 저작물의 사적 복제보다 그 요건을 더욱 제한적으로 규정한다. 이는 가정용으로 판매되는 프로그램의 경우에 사적 복제 규정 때문에 저작권자가 판매를 통한 프로그램 개발 비용의 회수에 큰 어려움을 겪게 될 것을 고려한 것이다. 프로그램 사적 복제가 해당 저작권자의 이익을 부당하게 해하는지는 프로그램의 이용범위와 그에 따른 가격 등을 총체적으로 고려하여 판단한다.

3. 인터넷 게시판에 프로그램 시리얼 번호를 게시하는 것

웹 사이트나 포털 등에서 프로그램의 시리얼 번호가 게시되어 있는 것을 쉽게 볼 수 있다. 저작권법은 "누구든지 정당한 권한 없이 고의 또는 과실로 기술적 보호조치를 제거 · 변경하거나 우회하는 등의 방법으로 무력화하여서는 안 된다."라고 규정하고 있다. '접근통제'에 관한 내용으로서 "저작권, 그 밖에 이 법에 따라 보호되는 권리의 행사와 관련하여 이 법에 따라 보호되는 저작물 등에 대한 접근을 효과적으로 방지하거나 억제하기 위하여 그 권리자나 권리자의 동의를 받은 자가 적용하는 기술적 조치"를 의미한다. 저작권법의 내용과 시리얼 번호를 기술적 보호조치로 인정한 판례의 태도를 고려하면, 시리얼 번호의 공유 또는 생성 프로그램은 기술적 보호조치를 무력화하는 행위로서 형사처벌의 대상이다.

❙ Ex ❙ 게임기 사건

소니 엔터테인먼트사가 제작한 게임기 본체에 삽입되는 게임프로그램 저장 매체에 내장된 엑세스 코드가 컴퓨터프로그램 보호법이 정한 '기술적 보호조치'에 해당한다고 보아, 엑세스 코드가 없는 불법 복제된 게임 CD도 위게임기를 통해 프로그램 실행이 가능하도록 하여 준 것은 같은 법상의 상당히 기술적 보호조치를 무력화하는 행위에 해당한다고 본 사례. [대법원 2006. 2.24. 선고 2004도2743 판결(컴퓨터프로그램보호법위반 · 음반 · 비디오물 및 게임물에 관한 법률위반)]

4. 폰트 저작권 소송

폰트는 기업과 개인(디자이너)의 창작 노력을 통해 창조된 저작물인 만큼, 저작물로서 보호를 받는다. 폰트 파일에는 저작권이 있지만, 폰트 서체 자체에는 저작권이 없다. 즉, 폰트 파일은 저작권법에 따라 복제 · 전송 등의 저작권 보호를 받아 침해가 인정되지만, 그 결과물인 서체 자체는 자유롭게 이용할 수 있다. 국내서 스마트폰, 태블릿, 전자책 등 디지털기기의 활성화로 한글 글꼴을 다운받아 이용하는 소비자가 늘고 있다. 폰트도 법에 따라 저작권이 있는 저작물에 속하지만, 국내 폰트시장에서 법적 보호 장치와 사용자들의 인식변화가 요구되고 있다. 저작권 분쟁을 넘어 갈수록 늘어나는 저작권 고소 현상들은 서체 폰트 저작권을 이용한 비도덕적인 현상의 증가에 기인하고 있다.[1)]

일반 사람이 인터넷 웹 사이트, 문서 등 저작물에 폰트를 사용한 행위가 저작권 침해라고 경고받는 경우가 많다. 정품 소프트웨어에 포함되거나 제작사 홈페이지를 통해 적법하게 내려받은 폰트를 사용한 경우는 저작권 침해가 아니다. 저작권법의 보호 대상은 글자의 모양 자체가 아닌 개별적 폰트 '파일'이기 때문이다.

폰트 자체에는 저작권이 인정되지 않지만, 폰트 '파일'에는 저작권이 인정된다. 불법 복제된 소프트웨어를 사용하거나 확인되지 않은 출처로 폰트 파일을 입수하는 경우 저작권 침해가 될 수 있다. 특히 개인 블로그나 인터넷 카페 등을 통해 무단으로 재배포되는 폰트 파일을 내려받아 사용하지 않도록 주의해야 한다.

저작권 침해는 형사 사건이 가능하다. 즉, 저작권 침해는 피해자의 형사 고소가 가능하므로 형사 사건으로 갈 수 있다. 반면 채무불이행은 기본적으로 사인(私人) 간의 계약상 문제이고, 그 손해만 되돌려주면 된다.

5. 소프트웨어 라이선스 사례

소프트웨어의 경우, 가장 보편적인 방식이 1인 1PC 라이선스이다. 1인 1PC 라이선스는 1인당 1PC를 기준으로 라이선스를 부여하는 방식이며, 회사 내 설치된 PC의 수만큼 라이선스를 구매하여야 한다. 만약 회사 전체 PC에 소프트웨어를 설치하여야 할 경우, 1인 1PC 라이선스방식이 아닌 사이트 라이선스 방식의 구매를 통

1) 유길상, 김현철, "디지털 폰트의 저작권 침해 사례 분석 및 공정이용," 한국정보기술학회지 13(1), 한국정보기술학회, 2015.6, 31면.

하여 라이선스의 총구매비용을 줄일 수 있다. 사이트 라이선스의 경우에 개별 패키지 제품과 비교하면 해당 소프트웨어의 CD, 관련 문서 등이 필요 없게 되므로 관리도 훨씬 간편해진다. 일정한 수의 라이선스를 도입하여야 할 경우, 필요로 하는 제품 수에 해당하는 만큼의 볼륨 라이선스를 구매할 수 있으며, 이 경우 개별 패키지 제품을 구매할 경우에 비하여 비용을 절감하는 방법에 해당한다.

6. 오픈 소스와 프로그램

오픈 소스는 소스코드를 최초로 작성한 프로그래머가 소스코드를 모든 사람에게 공개하여 누구나 이용, 복제, 배포, 수정할 수 있는 권한이 부여된 소프트웨어로 프리웨어와는 구분되는 개념이다. 일정한 조건에 따라 자유롭게 이용할 수 있으나, 자유롭게 이용할 수 있는 부분이라 할지라도 저작권법의 보호를 받는다.

오픈 소스를 이용하여 2차적 저작물을 개발할 때, 오픈 소스를 제외하고 추가로 개발된 창작적인 부분에 있어서는 개발자에게 저작권이 부여된다. 오픈 소스는 그 이용에 있어 일정한 조건을 부여하고 있으므로, 오픈 소스 이용자들은 해당 조건에 맞춰 이용하여야 저작권 침해 또는 이용허락 계약 위반의 문제가 발생하지 않는다. 오픈 소스를 이용하여 개작한 프로그램은 2차적 저작물로서 프로그램 개발자가 저작권을 가지며, 영업비밀 보호 등을 이유로 하여 소스코드 공개에 대한 조건을 지키지 않을 수는 있다. 그러나 이용 조건을 지키지 않았을 때에는 오픈 소스 저작권자와의 이용허락 계약이 해제되고, 해당 오픈 소스의 저작권 침해에 대한 법적 책임이 발생한다.

7. 오픈 소스와 라이선스

오픈 소스라고 통칭하는 공개 소스나 공개 저작물의 경우에도 그 이용허락의 조건에 따라서 매우 다양하다. 오픈 소스라는 이름으로 사용되는 저작물을 실제로 업무를 목적으로 사용하기 위해서는 구체적으로 그 저작물이 어떠한 이용허락 조건을 가졌는지를 미리 살펴볼 필요가 있다. 오픈 소스 소프트웨어의 경우 대부분의 라이선스가 소프트웨어 내에 해당 소프트웨어가 채택하고 있는 라이선스의 내용을 공개하도록 하고 있다. 따라서 사용하고자 하는 오픈 소스의 소스코드를 다운로드 받아서 copying, readme, license 등의 명칭으로 저장된 파일(주로 txt 파일)의 내용을 확인하거나 소스코드 내의 상위 코멘트에서 그 소스코드의 이용 허락 조건을 확인할 수 있다.

II. 스마트폰과 저작권

1. 스마트폰 애플리케이션

스마트폰 애플리케이션도 저작권으로 보호되는가? 유통채널을 통해 무료로 전송되고 설치되는 것이 보통인데, 애플리케이션을 통해 스마트폰 화면에 구현되는 UI(User Interface)[2]나 이미지, 동영상, 배경음악도 저작권으로 보호되는가?

스마트폰 애플리케이션도 저작권법의 보호를 받는다. 스마트폰 애플리케이션의 경우 구글(Google)의 플레이 스토어(Play Store)

2) UI(User Interface): 컴퓨터나 모바일기계 등을 사용자가 좀 더 편리하게 이용할 수 있는 환경을 제공하는 설계 또는 그 결과물.

와 같은 유통채널을 통해 무료로 전송되고 설치되는 것이 보통이다. 이때 무료라는 이유로 저작권이 없다거나 저작자가 저작권을 포기하였다고 생각할 수 있지만 실상 권리의 행사를 유보한 것일 뿐 저작권법의 보호를 받는 것은 동일하다. 애플리케이션을 통해 스마트폰 화면에 구현되는 UI(User Interface)나 이미지 등은 편집저작물 또는 미술저작물로, 동영상은 영상저작물로, 배경음악은 음악저작물로서 각각 보호된다.

2. 애플리케이션의 이름

현재 서비스하고 있는 모바일 앱과 거의 유사한 이름으로 다른 사업자가 모바일 앱을 제작하여 앱스토어에 올린 경우에 사람의 이름, 단체의 명칭, 영화의 제목, 서적의 제목 등 제목은 그 자체로는 저작권법상의 보호대상이 되지 않는다. 다만 앱의 이름을 상표로 등록한 경우, 동일 또는 유사한 종류의 앱에 동일 또는 유사한 이름을 사용하는 것은 상표권 침해가 된다. 앱의 이름이 상표로 등록되어 있지 않지만, 핸드폰 사용자라면 누구나 알 수 있을 정도로 매우 유명해졌다면 부정경쟁방지법 위반을 주장할 수 있다.

3. 애플리케이션의 아이디어 보호

서비스 앱을 개발하기 위하여 현재 기획안을 작성하고 있는데 기획안 자체도 저작권에 의하여 보호되는 것인지에 관하여 아이디어는 그 자체로 저작권법에 따라서는 보호될 수 없고, 그 아이디어를 구체화한 표현에 대하여 저작권법은 권리를 부여한다. 사업아이디어를 기획안 문서로 상세화, 구체화한 경우, 그 보호범위 역시 해당 아이디어 자체가 아니라 그 아이디어가 구체화한 기획안의 세부적인 표현이 주된 보호의 대상이다. 기획안을 저작권으로 보호받기 위해서는 기획안을 최대한 구체화하고, 그 구체화한 표현에 기반을 두어 해당 서비스 기획안의 내용을 보호하는 방식을 선택할 수 있다.

애플리케이션의 모바일 앱의 특성상 구조나 기능이 심플할 수밖에 없는데 그렇다면 저작권으로 보호를 받기 어려운 점이 있다. 최근에는 특허로 출원하여 애플리케이션도 보호받을 수 있도록 하고 있다. 사업 아이디어가 독창성이 인정되는 것이라면 특허권이나 실용신안권에 의하여 보호받을 수 있다. 아이디어를 그 자체로 직접 보호할 수는 없고, 그 아이디어가 물건이나 방법에 포함되거나 전산시스템을 활용한 사업 아이디어(비즈니스 모델 특허)에 해당하여야 한다. 특허권이나 실용신안권으로 등록되기 위해서는 그 대상이 된 사업 아이디어가 새로운 것이어야 하고(신규성), 산업적으로 반복해서 이용 가능하여야 하며(산업상 이용가능성), 그 이전에 이미 존재하던 다른 기술들보다 진보된 것이어야 한다(진보성). 해당 사업 아이디어는 특허나 실용신안으로 등록할 수 있고, 등록된 후에는 특허법 및 실용신안법에 따라 보호된다.

4. 애플리케이션 저작권 보호

국외의 유명한 웹 사이트를 벤치마킹하여 유사한 사이트를 만들고자 하는 경우 저작권 침해가 될 가능성을 판단하자. 저작권법의 보호대상이 되기 위해서는 해당 사이트의 내용이 저작권법상 보호대상이 되어야 하며, 창작성과 같은 저작물로서 요건을 갖추어야 한다. 외국 사이트와 이를 벤치마킹한 결과물이 서로 유사하여야 한다. 사이트에서 누구나 생각할 수 있는 메뉴의 구성방식이나 메뉴 순서, 페이지 구성 등을 단순히 가져왔다면 그러한 차용은 저작권법상 보호받지 못하는 창작성 없는 저작물의 이용에 해당하여 정당한 이용으로 인정될 수 있다.

5. 애플리케이션 UI 보호

어떤 사람이 개발한 앱과 그 이후에 다른 사람이 만든 모바일 앱이 기능은 거의 같은데 UI는 다른 경우, 기능 배열의 유사함에 대하여 타인의 앱에 대하여 저작권 침해 주장이 가능한가? 최초의 앱에서 구현한 기능이 그 자체로 이전에 없었던 독창적이고, 또한 그 독창적인 기능이 앱을 통해서 구체화한 것인 경우에는 앱의 기능 자체가 표현으로 해석될 수 있을 것이고, 이러한 경우라면 디자인이 다르더라도 그 기능의 유사성이 곧 저작권 침해에 해당될 수도 있다. 다만 표현되지 않은 아이디어의 경우 저작권 보호대상에서 제외하고 있는데, 사용자인터페이스(UI), 프로토콜 등의 규약과 프로그램 언어, 알고리즘 등이 이에 해당한다. 따라서 UI가 같더라도 이것만으로는 저작권 침해를 주장하기가 어렵다.

6. 음악파일 애플리케이션의 이용

음악 파일을 적법하게 앱 제작 목적으로 이용하고 싶은 경우 음반으로 발매된 음악파일을 적법하게 이용하기 위해서는 그 음악과 관련된 모든 권리자로부터 이용허락을 받아야 한다. 음악이 음반으로 발매된 경우 노래를 작사·작곡한 작사자와 작곡자가 저작권자이다. 노래를 가창하거나 연주한 실연자는 저작인접권을 가지며, 실연을 음반에 고정한 음반제작자 역시 저작인접권을 가진다.

따라서 이들 모두로부터 이용허락을 받아야 한다. 음악저작물의 이용허락을 받기 위해서는 저작권자와 저작인접권자로부터 이용허락을 받을 수도 있으나, 그들의 권리가 신탁된 경우에는 신탁관리단체로부터 이용허락을 받으면 된다.

7. 이미지의 애플리케이션 이용

이미지를 유료로 제공하는 사이트에 6개월간 유료회원으로 가입 후 계약기간 만료 후에 현재 인터넷 쇼핑몰 홈페이지에 게재된 이미지는 계속 사용할 수 있는지와 관련하여, 계약기간 만료 후에도 현재 인터넷 쇼핑몰 홈페이지에 게재된 이미지는 계속 사용할 수 있는가? 이미지를 유료로 제공하는 사이트의 경우 대체로 기간 한정의 라이선스 계약을 하게 된다. 이 경우 계약기간이 만료하게 되면 이미지의 원본을 더는 사용할 수 없는 경우가 많다. 다만 이미지를 제공하는 업체에 따라 라이선스에 대한 약관이 다를 수 있는데, 예컨대 A 업체의 경우 계약기간 내 다운받아 사용하고 있던 이미지의 경우에는 계약기간 만료 후라도 수정이나 재작업을 하지 않는 한 계속 사용할 수 있게 정하고 있지만, B 업체의 경우 계약기간이 만료되면 이미지에 대한 상업적 재사용은 하지 못하도록 정하고 있다. A, B 두 업체의 약관은 모두 유효하다. 따라서 라이선스 계약 체결 시에는 그 이용 조건에 주의를 기울일 필요가 있다.

최근 스마트폰 배달 애플리케이션(배달 앱)에 등록된 음식사진과 관련하여 음식점주들이 음식사진에 대한 저작권 침해를 주장하는 업체(이미지 판매업체)로부터 합의금을 요구받는 사례가 증가하고 있다. 분쟁사례의 주요유형은 음식점주 의사와 무관하게 배달 앱 측에 의해 음식사진이 등록되거나 음식점주가 메뉴판 등에서 촬영·전송한 음식사진이 배달 앱 측에 의해 등록되어 발생하는 분쟁이다. 다만 이미지 판매업체가 찍은 음식사진을 사용하더라도 이의 저작권 인정 여부는 사례별로 달라질 수 있으므로 판매업체의 요구에 섣불리 응하지 말고 법적 관계를 꼼꼼히 따져 보아야 한다. 대법원 판례에 따르면 촬영대상인 음식 자체를 충실히 표현했을 뿐 촬영자의 개성이나 창조성을 인정하기 어려운 경우 사진 저작물의 저작권이 보호되지 않는다.

8. 캐릭터의 개발과 애플리케이션

캐릭터 개발의 경우 캐릭터의 의상 및 표정이 다양한데, 개별 의상과 표정을 모두 저작권 등록하여야 등록의 효력을 받을 수 있는 것인가? 저작권은 창작과 동시에 발생하고 저작권 등록을 하지 않더라도 원칙적으로 보호할 수 있다. 다만 저작권을 등록하게 되면, 그 창작자나 창작연월일 등이 추정되는 등 보호가 강화되는 장점이 있다. 캐릭터의 경우, 캐릭터 자체로 하나의 저작물로 인정될 수 있으며 저작권 등록도 가능하다. 캐릭터의 기본 이미지와 의상이나 표정 등이 달라지는 응용 이미지의 관계에서 그 보호범위는 캐릭터 저작물의 실질적인 유사성이 인정되는 범위 내이므로, 의상 및 표정이 서로 유사한 범위 내에서는 개별적으로 저작권 등록을 하지 않더라도 보호의 대상이 된다.

의상이나 표정이 애초 권리의 대상으로 삼았던 기본적인 캐릭터의 형상과 많이 다른 경우라면 그 부분에 대해서는 별도로 저작권 등록을 해 두는 것이 좋다.

9. 2차적 저작물의 애플리케이션 이용

원저작물을 가공하여 만든 2차적 저작물을 인용하여 앱 개발에 사용하고자 하는 경우 2차적 저작물을 작성한 자로부터만 허락을 받으면 되는지, 아니면 원저작물에 대한 권리자로부터도 허락을 받아야 하는가? 원저작물에 새로운 창작성을 가미하여 창작물을 만들었지만, 원저작물과의 사이에 그 실질적 유사성이 인정되는 경우에는 2차적 저작물로서 인정된다. 2차적 저작물은 원저작물과의 관계에서 새롭게 가미된 창작성의 범위 내에서는 저작물의 권리를 가지지만, 원저작물 역시 원저작물 내에 포함되어 있던 창작성의 범위 내에서는 여전히 저작권이 인정된다. 따라서 2차적 저작물을 그대로 인용하고자 하는 경우, 그 인용을 위해서는 2차적 저작물에 대한 권리자로부터 이용허락을 받아야 할 뿐만 아니라, 원저작물에 대한 권리자로부터도 허락을 얻어야 하는 것이 원칙이다.

10. 앱스토어에 적용되는 법률

앱스토어를 통해 국외 여러 국가에 서비스되는 앱인 경우, 저작권 침해가 발생하면 어느 국가의 법이 적용되는가? 저작권 분쟁에 대한 준거법 결정은 베른협약(제5조 제2항)의 보호국법 주의에 따르는 것이 일반적이고, 저작권 및 저작인접권에 관련된 국제협약도 이러한 원칙에 따르고 있다. 따라서 국제협약의 회원국 내에서 저작권 침해가 발생한 때에는 저작권자는 내국민대우 원칙에 따라 당해 국가의 저작물과 동일한 보호를 받을 수 있고, 이 경우의 준거법은 그 법원이 소재하고 있는 국가의 저작권법이다. 인터넷을 통하여 발생한 저작권 분쟁에 있어서 침해지국의 의미에 대하여는 모든 사안에서 그 의미가 명확하게 정리된 것은 아니다. 통상적으로는 침해자가 침해 당시에 머무르고 있는 국가를 준거법 판단의 가장 우선된 기준으로 한다.

11. 모바일 애플리케이션의 인터넷 링크

피고인이 등록한 모바일 애플리케이션은 스마트폰에서 활성화된 후 식당의 사진 등으로 표시된 아이콘을 클릭하면 인터넷 링크와 유사하게 원심 판시 피해자가 제작한 모바일 웹페이지로 연결되는 방식으로 구동되는데, 이 경우 피고인이 등록한 모바일 애플리케이션이 피해자의 모바일 웹페이지를 복제, 전시한 것이라거나, 피해자의 저작물에 대한 2차적 저작물에 해당한다고 볼 수 없으므로 저작권법위반에 해당하지 않는다고 본 사례이다.

▌Ex ▌ 모바일 애플리케이션에 관한 저작권법위반 사건

이른바 모바일 애플리케이션(Mobile application)에서 인터넷 링크(Internet link)와 유사하게 제3자가 관리・운영하는 모바일 웹페이지로 이동하도록 연결하는 경우 저작권법위반에 해당하는지와 관련하여 인터넷 링크(Internet link)의 성질에 비추어 보면 인터넷 링크는 링크된 웹페이지나 개개의 저작물에 새로운 창작성을 인정할 수 있을 정도로 수정・증감을 가하는 것에 해당하지 아니하므로 2차적 저작물 작성에도 해당하지 아니한다. 이러한 법리는 이른바 모바일 애플리케이션(Mobile application)에서 인터넷 링크(Internet link)와 유사하게 제3자가 관리・운영하는 모바일 웹페이지로 이동하도록 연결하는 경우에도 마찬가지이다. [대법원 2016.5.26. 선고 2015도16701 판결 (업무방해(변경된 죄명:저작권법위반))]

건축 저작물 60
결합 저작물 71
공공저작물의 자유 이용 103
공동 저작물 71
공동 저작자 71
공연권 89
공정한 이용 123
공중송신권 90
공표권 82
기술적 보호 조치 172
기술적 보호 조치의 무력화 금지 174

대여권 92
데이터베이스 제작자 144
도서관 등에서의 복제 116
도형 저작물 64
독립적 경제성 25
동일성 유지권 84
등록주의 19
디자인권 76

라이선스 212

무대 디자인 55
무방식주의 35, 133
무용 저작물 56
미술 저작물 57
미술저작물 등의 전시 또는 복제 120

방송 포맷 50
방송사업자 140, 141
배포권 92
법정손해배상의 청구 182
보호받지 못하는 저작물 34
복제권 88
부정경쟁행위 26
북 스캔 115
불법 복제 프로그램 207
비공지성 25
비밀 관리성 26

사상 40
사적 이용을 위한 복제 112, 202
사진 저작물 61
사후적 고찰의 금지 22
산업상 이용가능성 20
상표권 76
샘플링(sampling) 194
선발명주의 23
선원(先願)주의 23
설계도의 저작물성 65
성명표시권 83
소유권 35
소프트웨어 저작권 207
스마트폰 애플리케이션 212

시각장애인 등을 위한 복제 119
시사보도를 위한 이용 105
시험문제로서의 복제 118
신규성 20
실연자 140
심사주의 23

아이디어 19, 39
아이디어와 표현의 이분법(Idea/Expression Dichotomy) 43
애플리케이션 저작권 214
앱스토어 218
어문 저작물 51
업무상 저작물 73
업무상 저작물의 저작자 74
연극 저작물 54
영상 저작물 62, 151
영업비밀 24
오픈 소스 211
온라인서비스제공자 169
음란물 47
음반제작자 141
음악 저작물 193
응용 미술저작물 58
2차적 저작물 49, 218
2차적 저작물 작성권 92
인용 108, 202
인터넷과 링크 167
인터넷 쇼핑몰 165
인터넷 홈페이지 166

자기 기사의 이용 168
재판절차 등에서의 복제 102
저작권 35, 75
저작권 등록의 효력 134
저작권신탁관리업 153
저작권의 기증 96
저작권의 등록 133
저작권의 보호기간 132
저작권자 69
저작권 집중관리제도 153
저작권 침해 179
저작물 31
저작물 이용과정에서 일시적 복제 122
저작물 이용의 법정허락 130
저작인격권 76, 81
저작인접권 139
저작인접권의 보호 기간 141
저작자 69
저작자의 추정 71
저작자표시(BY) 129
저작재산권 77, 87
저작재산권의 소멸 80, 97
저작재산권의 양도 94
저작재산권의 이용허락 94
저작재산권의 자유이용 101
저작재산권의 제한 101
전시권 91
정부저작물 48
정치적 연설 등의 이용 102
조리법(Recipe) 17
지도의 저작물성 64
진보성 21

창작물 32

창작성(Originality) 33
창작자 69
청각장애인 등을 위한 복제 120
초상권 155
최초 판매의 원칙(first sale doctrine) 80
출처 명시 124
출판 계약 148
출판권의 설정 150
출판권자의 의무 149
침해 정지 청구 181

캐릭터 198, 217
컴퓨터프로그램 저작물 66
콘텐츠제작자 146

토렌트 115
특허요건 20
특허제도 19

패러디 125
퍼블리시티권(right of publicity) 156
편집저작물 49
포맷(format) 31
폰트 209
표절 180
표현 40
프로그램코드 역분석 123
필수적 표현 44

학교교육목적 이용 104
합체의 원칙 44
형사상 조치 182

정연덕

서울과학고등학교 졸업
서울대학교 공과대학 전기전자공학부 졸업
서울대학교 대학원 법학과 법학석사
서울대학교 대학원 법학과 법학박사
미국 NYU(New York University) Law School LLM 수학

건국대학교 법학전문대학원 교수, 학생부원장, 교무부원장
건국대학교 법학연구소 기술과 법 센터장, 비교법센터장
건국대학교 산학협력단 기획위원회, 산학기술정책위원회, 연구윤리진실성위원회 위원
대법원 재판연구관
한국정보통신기술협회 표준화위원회 IPR 전문위원회 의장
공정거래위원회 지식재산권정책자문단 위원
법학전문대학원협의회 제도발전 실무위원회 위원
산업기술진흥원 기술기부채납 관리위원회 위원
정보통신연구진흥원 IT 우수기술지원 과제관리전문가
지식경제부 산업기술보호실무위원회 위원
한국발명진흥회 Patent troll 전략적 대응체계구축 운영위원
한국조혈모세포은행 기증자보호위원회 위원
한국지식재산연구원 특허권남용방지지침 전문가포럼 위원
동부지방검찰청 전문수사자문위원
한국지식재산연구원 강제실시제도 전문가포럼 위원
한국저작권법학회 총무이사
사법시험, 변호사, 변리사 시험, LEET 시험 위원
정교수 지식채널(유튜브 운영)

제3판 저작권의 이해

—

초 판 발행 2018년 8월 30일
제3판 발행 2023년 9월 8일

—

저 자 | 정연덕
발행인 | 이방원
발행처 | 세창출판사

신고번호 제1990-000013호
주소 03736 서울시 서대문구 경기대로 58 경기빌딩 602호
전화 02-723-8660 팩스 02-720-4579
이메일 edit@sechangpub.co.kr 홈페이지 www.sechangpub.co.kr
블로그 blog.naver.com/scpc1992 페이스북 fb.me/Sechangofficial 인스타그램 @sechang_official

—

ISBN 979-11-6684-236-8 93360